実務家・企業担当者が陥りやすい

ハラスメント対応の落とし穴

共著　山浦　美紀（弁護士）
　　　大浦　綾子（弁護士）

JN121331

新日本法規

は　し　が　き

「私、ハラスメントの被害にあっているんです。」

　部下から、このような相談を受けた際、どのような対応をすべきでしょうか。

　上司自ら、ハラスメント行為者のヒアリングに乗り出すのがよいでしょうか。それとも、「相談したいなら相談窓口へ行って」と深く関与しない姿勢を示すのがよいでしょうか。

　上司が中立の立場でヒアリングをすることは、難しいことも多いです。かといって、我関せずという態度では、部下からの信頼を失いかねません。上司としては、この職場で、自分が何を期待されているかを把握して、適切に対応する必要があります。

　このような難しい判断を迫られる場面は、突然やってきます。この書籍は、ハラスメントの相談・調査・紛争等の労務問題を使用者の立場で解決することを専門的に扱っている弁護士2名が執筆したものです。

　企業は、いわゆるハラスメント関連法（労働施策総合推進法、男女雇用機会均等法、育児介護休業法）に基づき、雇用管理上の措置義務を負います。ハラスメント事案の解決は、これらの法令及びハラスメント関係指針等に従って実施するものですが、全ての対応が明記されているわけではありません。裁判例や企業内のルールも参照しつつ、個別事案に応じた対応をしていかなければなりません。このように多角的に検討しないと、適切に対応できない実務上の問題が多々あります。そのような事案を「落とし穴」（＝「誤認例」）という形にしてみました。ついつい「落とし穴」に書いてあるような対応をしてしまいがちですが、それでは、職場環境の改善には結びつかない、そういった事案を集めてみました。

　しかし、執筆者2名も、「落とし穴」の処理について、方針が完全に一致しているわけではありません。そこは、「別の視点から」というコラムの形にして、執筆者各自の方針を述べています。このように、読者のみなさんが、「落とし穴」に陥らないように、検討に検討を重ね執筆しました。「別の視点から」のコラムもあわせて事案解決の参考としていただきますようお願いいたします。

　なお、執筆者2名は、「実務家・企業担当者のためのハラスメント対応マニュアル」（新日本法規出版、2020）にて、ハラスメント事案発生から紛争までのハラスメント

対応について詳細に述べております。本書とあわせて、ご参照いただけましたら幸いです。

　最後に、本書の企画から出版までを力強くサポートしてくださった新日本法規出版の宇野貴晋氏に心より感謝申し上げます。

令和5年12月

弁護士　山浦　美紀
弁護士　大浦　綾子

執 筆 者 紹 介

弁護士 **山浦　美紀**（鳩谷・別城・山浦法律事務所）

　［経　歴］

平成12年　大阪大学法学部卒業

平成13年　司法試験合格

平成14年　大阪大学大学院法学研究科修士課程修了（法学修士）

平成15年　弁護士登録とともに北浜法律事務所入所

平成25年　北浜法律事務所・外国法共同事業退所

平成26年　鳩谷・別城・山浦法律事務所に参加

現　　在　鳩谷・別城・山浦法律事務所パートナー弁護士

　　　　　大阪大学大学院高等司法研究科客員教授

　［主な著作］

　『人事労務規程のポイントーモデル条項とトラブル事例ー』（共著）（新日本法規出版、2016）

　『Q＆A有期契約労働者の無期転換ルール』（共著）（新日本法規出版、2017）

　『女性活躍推進法・改正育児介護休業法対応　女性社員の労務相談ハンドブック』（共著）（新日本法規出版、2017）

　『Q＆A同一労働同一賃金のポイントー判例・ガイドラインに基づく実務対応ー』（共著）（新日本法規出版、2019）

　『実務家・企業担当者のためのハラスメント対応マニュアル』（共著）（新日本法規出版、2020）

　『裁判例・指針から読み解く　ハラスメント該当性の判断』（共著）（新日本法規出版、2021）

　『パワハラのグレーゾーンー裁判例・指針にみる境界事例ー』（新日本法規出版、2023）

弁護士 **大浦　綾子**（野口＆パートナーズ法律事務所）

　［経　歴］

平成14年　司法試験合格

平成15年　京都大学法学部卒業

平成16年　弁護士登録とともに天野法律事務所入所

平成21年　米国ボストン大学ロースクール（LLM）留学

平成22年　外資系製薬会社法務部にて勤務（人事・知財・製造部門担当法務）
平成23年　ニューヨーク州弁護士登録
平成23年　法律事務所に復帰
現　　在　野口&パートナーズ法律事務所パートナー弁護士

［主な著作］

『女性活躍推進法・改正育児介護休業法対応　女性社員の労務相談ハンドブック』
（共著）（新日本法規出版、2017）

『実務家・企業担当者のためのハラスメント対応マニュアル』（共著）（新日本法規
出版、2020）

『裁判例・指針から読み解く　ハラスメント該当性の判断』（共著）（新日本法規出
版、2021）

略　語　表

＜法令等の表記＞

　根拠となる法令等の略記例及び略語は次のとおりです（〔　〕は本文中の略語を示します。）。

　雇用の分野における男女の均等な機会及び待遇の確保等に関する法律第4条第2項第1号＝雇均4②一

　令和5年9月1日基発0901第2号＝令5・9・1基発0901第2

労働施策推進〔労働施策総合推進法〕	労働施策の総合的な推進並びに労働者の雇用の安定及び職業生活の充実等に関する法律
雇均〔男女雇用機会均等法〕	雇用の分野における男女の均等な機会及び待遇の確保等に関する法律
育児介護〔育児介護休業法〕	育児休業、介護休業等育児又は家族介護を行う労働者の福祉に関する法律
ハラスメント関連法	※労働施策総合推進法、男女雇用機会均等法、育児介護休業法をいいます。
パワハラ指針	事業主が職場における優越的な関係を背景とした言動に起因する問題に関して雇用管理上講ずべき措置等についての指針（令和2年1月15日厚生労働省告示第5号）
セクハラ指針	事業主が職場における性的な言動に起因する問題に関して雇用管理上講ずべき措置についての指針（平成18年10月11日厚生労働省告示第615号）
マタハラ指針	事業主が職場における妊娠、出産等に関する言動に起因する問題に関して雇用管理上講ずべき措置等についての指針（平成28年8月2日厚生労働省告示第312号）
両立指針	子の養育又は家族の介護を行い、又は行うこととなる労働者の職業生活と家庭生活との両立が図られるようにするために事業主が講ずべき措置等に関する指針（平成21年12月28日厚生労働省告示第509号）
ハラスメント関係指針	※パワハラ指針、セクハラ指針、マタハラ指針、両立指針をいいます。
刑	刑法
公益通報	公益通報者保護法
民	民法
労基	労働基準法
〔労働者派遣法〕	労働者派遣事業の適正な運営の確保及び派遣労働者の保護等に関する法律
公益通報者保護法指針〔公益通報者保護法に基づく指針〕	公益通報者保護法第11条第1項及び第2項の規定に基づき事業主がとるべき措置に関して、その適切かつ有効な実施を図るために必要な指針（令和3年8月20日内閣府告示第118号）

男女雇用機会均等法施行通達	改正雇用の分野における男女の均等な機会及び待遇の確保等に関する法律の施行について（平成18年10月11日雇児発第1011002号）
パワハラ運用通達	労働施策の総合的な推進並びに労働者の雇用の安定及び職業生活の充実等に関する法律第8章の規定等の運用について（令和2年2月10日雇均発0210第1号）

＜判例の表記＞

根拠となる判例の略記例及び出典の略称は次のとおりです。

最高裁判所令和5年7月11日判決、裁判所時報1819号1頁
＝最判令5・7・11裁時1819・1

判時	判例時報	労経速	労働経済判例速報
判タ	判例タイムズ	労判	労働判例
裁時	裁判所時報		

目　　次

第1章　ハラスメント対応の体制を整備・変更するときの落とし穴

第2章　相談者からの相談を受けたときの落とし穴

第3章　当事者らへの事情聴取をするときの落とし穴

第4章　事実認定・ハラスメント該当性判断・懲戒処分をするときの落とし穴

第5章　関係者へ通知やフィードバックをするときの落とし穴

第6章　事後対応をするときの落とし穴

　　　POINT　・ハラスメント事案発生時は、被害者から会社に対する民事責任追
　　　　　　　　及に備え、ハラスメント関連法上の雇用管理上の措置義務を履行
　　　　　　　　しておくことが重要である。

索　引

第 1 章

ハラスメント対応の体制を整備・変更するときの落とし穴

2

【1】　ハラスメント行為に関する規定は、法律上の定義と一致させなくてもよい！？

　ハラスメント行為は多種多様のようだが、就業規則の懲戒規定やハラスメント規程におけるハラスメントの定義については、どのように定めたらよいか。法律に定められたハラスメントの定義と一致させておく必要はあるのか。

POINT
・会社は、雇用管理上の措置義務の具体化として、ハラスメント関連法上のハラスメントの行為者については、厳正に対処する旨の方針・対処の内容を就業規則等の文書に規定し、管理監督者を含む労働者に周知・啓発しなければならない。

誤認例
就業規則等に、各種ハラスメントが包含されるような包括的な規定があればよく、法律に定められたハラスメントの定義と一致させる必要はない。

本当は
ハラスメントに関する就業規則等の規定の定義は、最新の法律において、規制の対象となっているハラスメントが確実に包含されるようにしておかなければ、会社が防止・事後対応を負うハラスメント行為を網羅できていないおそれがあるため、法律に定められたハラスメントの定義と一致させておく。

解　説

1　措置義務の具体化としての就業規則等の規定の整備

　ハラスメント関係指針には、雇用管理上の措置義務の具体化のうち、「事業主の方針等の明確化及びその周知・啓発」として、概ね、「就業規則その他の職場における服務規律等を定めた文書において、職場における各ハラスメントを行ってはならない旨の方針を規定し、当該規定と併せて、職場における各ハラスメントの内容を労働者に周知・啓発すること。」

「各ハラスメントの行為者については、厳正に対処する旨の方針・対処の内容を就業規則等の文書に規定し、管理監督者を含む労働者に周知・啓発すること。」

という旨が挙げられています。

　ここでいうハラスメントは、ハラスメント関連法上のハラスメントを指しますから、これらが全て含まれているか否かについて、疑義がある就業規則やハラスメント規程を策定しても、措置義務の履行として十分でないことが予想されます。

　したがって、社内規定の策定にあたっては、ハラスメント関連法及びハラスメント関係指針の定義を確実に包含する表現とすることが得策です。また、法改正の際は、改正内容に合わせて、就業規則やハラスメント規程のハラスメント行為の定義の見直しをすべきでしょう。その定義は、必ずしも、法律で定められたハラスメントの定義と一言一句一致している必要はありませんが、多種多様なハラスメント行為をきちんと網羅するために、法律の定義と一致させておくのがよいと考えます。

　このようにすることで、従業員の言動につき、ハラスメントに該当するかどうかが問題となった場合であっても、ハラスメント関係指針や各種通達に従って、ハラスメント該当性を判断しやすくなるという効果もあります。

　なお、厚生労働省もウェブサイト上で、ハラスメントのモデル規定を発表していますので、参考にするとよいでしょう。

2　具体的な規定方法

（1）　パワハラの定義

　法律の定義と一致していない場合は、労働施策総合推進法及びパワハラ指針にあわせて、パワハラの定義を見直すべきでしょう。具体的には、以下のような定義が考えられます。

　パワーハラスメントとは、職場において行われる優越的な関係を背景とした言動であって、業務上必要かつ相当な範囲を超え、他の従業員の就業環境を害することをいう（※1）。また、性的指向・性自認に関するハラスメントや、これらを本人の意向に反して暴露するアウティング行為も該当する（※2）。なお、業務上必要かつ相当な言動を超えない注意指導・業務命令等は該当しない（※3）。

※1　労働施策総合推進法30条の2に定められた3要素を含む定義規定を設けておくべきでしょう。

※2　パワハラ指針に挙げられている6類型のうち、「個の侵害」にあたるアウティング行為を特に注意的に定義しました。

※3　パワハラの3要素のうち、「業務上必要かつ相当な範囲を超え」ない業務上必要かつ相当な注意指導や業務指導等がパワハラに該当しないことを注意的に記載しました。

（2）　セクハラの定義

セクハラについては、男女雇用機会均等法及びセクハラ指針を参考として、以下のような定義が考えられます。

　セクシュアルハラスメントとは、職場における性的な言動に対する他の従業員の対応等により当該従業員の労働条件に関して不利益を与えること又は性的な言動により他の従業員の就業環境を害することをいう（※1）。また、相手方の性的指向又は性自認に関わらないほか、異性に対する言動だけではなく、同性に対する言動も該当する（※2）。

※1　男女雇用機会均等法11条に定められた措置義務の対象となるセクシュアルハラスメントの定義を参考に規定しました。

※2　セクハラ指針を参考として、性的少数者・同性への性的言動もセクハラに含まれることを明記しました。

（3）　妊娠・出産・育児休業に関するハラスメント（いわゆるマタハラ）の定義

いわゆるマタハラについては、男女雇用機会均等法・育児介護休業法、マタハラ指針・両立指針を参考に、以下のような定義が考えられます。

　妊娠・出産・育児休業に関するハラスメントとは、職場において、上司や同僚が他の従業員の妊娠・出産及び育児等に関する制度又は措置の利用に関する言動により他の従業員の就業環境を害すること並びに妊娠・出産等により女性従業員の就業環境を害することをいう（※1）。なお、業務分担や安全配慮の観点から、客観的にみて、業務上の必要性に基づく言動によるものについては、妊娠・出産・育児休業等に関するハラスメントには該当しない（※2）。

※1　男女雇用機会均等法11条の3、育児介護休業法25条に定められた措置義務の対象となるハラスメントの定義を参考に規定しました。

※2　業務上の必要性に基づく言動は、マタハラに該当しないことを注意的に記載しました。

（4）　各種ハラスメントに共通する定義

各種ハラスメントに共通する「職場」の定義、「被害者」の定義についても、ハラス

メント関係指針を参考に、以下のような定義を設けておくのがよいでしょう。

> 職場とは、当該従業員が日常的に勤務する場所のみならず、従業員が業務を遂行する全ての場所をいい、また、就業時間内に限らず、実質的に職場の延長としてみなされる就業時間外の時間を含むものとする（※）。

※　ハラスメント関連法及びハラスメント関係指針を参考にした共通する「職場」の定義です。一般的なオフィスの中以外の場所であっても、業務を遂行する場所を包含する定義となっています。

> （パワハラ・セクハラ・マタハラの定義にいう）他の従業員とは、直接に言動の相手方になった被害者に限らず、言動により就業環境を害された全ての従業員を含むものとする。また、被害者は、会社の従業員に限らず、（パワハラ・セクハラ・マタハラ）の言動により被害を受けた取引先の従業員、就職活動中の学生等の求職中の者等を含む者とする（※）。

※　ハラスメント関連法やハラスメント関係指針を参考にした共通する「被害者」の定義です。言動の直接の相手方以外の者も被害者になり得る点を明記しました。また、外部の者に対するハラスメントも禁止するために、被害者となり得る者の範囲を付記しました。

（5）　法令や指針と定義を一致させるメリット

このように、ハラスメント関連法やハラスメント関係指針に沿った内容の定義を社内規定に用いておくと、法改正やハラスメント関係指針の改正があった場合にも、対応がしやすく、社内規定の改訂漏れのリスクも避けることができます。

〔山浦美紀〕

別の視点から　新しい「〇〇ハラ」への対応は

　世間には、「モラルハラスメント」、「リモートハラスメント」、「スメルハラスメント」、「SOGIハラスメント」等の、新しい用語が続々と出回ります。これらの新しい言葉を知った方から、「〇〇ハラとはどういうものですか？新たな就業規則の規定は必要ですか？懲戒処分の対象になりますか？」といった質問を受けることがあります。

　筆者は、これら新しい「〇〇ハラ」について、個別に対応すべきとは考えていません。「〇〇ハラ」のうち、パワハラやセクハラ等に包含される言動について、会社としての未然防止や事後対応を実施すれば十分であると考えています。逆に言うと、パワハラやセクハラ等のハラスメント関連法上の定義に該当する行為は、相当に広範であるという

ことです。

　よって、「○○ハラ」という新しい言葉を耳にしても、その都度、就業規則の禁止事項や懲戒事由を設けるといった対応は、不要と考えます。むしろ、概念が不明確な禁止事項・懲戒事由を設けることによる混乱も招きかねず、不適切と考えています。

〔大浦綾子〕

【2】　ハラスメント防止規程は就業規則と異なるもの！？

　ハラスメント防止規程は、就業規則の一部なのか、それとも、就業規則とは異なる単なる社内規程になるのか。また、それによって改訂の方法及び手続がどのように異なるのか。

POINT	・会社は、ハラスメント関連法上の雇用管理上の措置義務の履行として、ハラスメントに関する方針の明確化及びその周知・啓発をすべきであるが、その具体化として、就業規則自体に定める方法の他に、ハラスメント防止規程等の別規程に定める方法がある。

誤認例	ハラスメント防止規程は、就業規則とは異なるため、その改訂の手続や方法については、就業規則のような厳格な手続をとる必要はない。

本当は	ハラスメント防止規程を就業規則とは別のものとしても、ハラスメント防止規程の中に、懲戒処分の規定等、就業規則で定めるべき内容が盛り込まれている場合は、就業規則と同様に、その改訂には厳格な手続をとる必要がある。

解　説

1　措置義務の具体化としての就業規則等の規定の整備

　ハラスメント関係指針には、概ね、雇用管理上の措置義務の具体化のうち、「事業主の方針等の明確化及びその周知・啓発」として行うべき内容として、「職場における各ハラスメントの内容及び職場における各ハラスメントを行ってはならない旨の方針を明確化し、管理監督者を含む労働者に周知・啓発すること。」と、「ハラスメントに係る言動を行った者については、厳正に対処する旨の方針及び対処の内容を就業規則その他の職場における服務規律等を定めた文書に規定し、管理監督者を含む労働者に周知・啓発すること。」といった旨が挙げられています。

　この措置義務の具体化として、就業規則や、その他の職場における服務規律を定めた文書としてのハラスメント防止規程に、

① ハラスメント行為の定義
② ハラスメントの禁止
③ 禁止行為を行った者に対する懲戒処分
④ 相談及び苦情への対応
⑤ 調査の方法、調査協力義務
⑥ ハラスメント発生後のフロー、再発防止
といったことを規定することになります。

　厚生労働省のウェブサイトには、「職場におけるハラスメントの防止に関する規定（例）」がサンプルとして掲載されています。これは、就業規則とは別に、上記の項目等をハラスメント防止規程として策定することを念頭において作成されたサンプルです。

2　ハラスメント防止規程を就業規則と別に設けるべきか

　では、上記1の①ないし⑥の項目（以下、「ハラスメントに関する項目」）を、就業規則本体に規定する方法と、別規程（典型例としてはハラスメント防止規程）に規定する方法のうち、実務上利便性が高いのはどちらでしょうか。

（1）　就業規則本体に盛り込む方法はどうか

　まず、ハラスメントに関する項目を就業規則本体の一章や一節として盛り込む方法が考えられます。

　この方法をとった場合、上記1の①ハラスメント行為の定義、②ハラスメントの禁止、③禁止行為を行った者に対する懲戒処分を就業規則に盛り込むことは違和感がありません。

　しかし、会社の労使の根本のルールとして服務規律や労働条件を定めた就業規則に、④相談及び苦情への対応、⑤調査の方法、調査協力義務、⑥ハラスメント発生後のフロー、再発防止といった手続に関する規定を盛り込むと、不具合が生じます。具体的には、手続に関する規定を盛り込むことで、就業規則がより分厚くなってしまい、情報検索がしにくくなります。また、④から⑥のような手続規定については、会社の運営方法が変わるごとに、その都度、就業規則本体を改訂しなければならず、手続が煩雑になります。

　そのような不具合を回避するため、ハラスメント防止規程は、就業規則とは別途設けることをお勧めします。

（2）　ハラスメント防止規程を就業規則と別に設ける具体的方法

　では、ハラスメント防止規程を就業規則と別に設ける場合には、具体的にどのよう

な規定を設けるべきでしょうか。

　具体的には、次のような条項を定めることが一般的です。

・ハラスメント防止規程を設ける目的

（例）

　本規定は、就業規則第●条の規定に基づき、職場におけるセクシュアルハラスメント、パワーハラスメント、妊娠・出産・育児休業等に関するハラスメント（以下「ハラスメント」という。）を防止するために社員が遵守すべき事項を定める。

・各ハラスメントの定義（法改正も踏まえて）、具体例

（例）

　パワーハラスメントとは、優越的な関係を背景として、業務上必要かつ相当な範囲を超え、他の従業員の就業環境を害することをいう。また、性的指向・性自認に関するハラスメントや、これらを本人の意向に反して暴露するアウティング行為も該当する。なお、業務上必要かつ相当な言動を超えない注意指導・業務命令等は該当しない。

（例）

　パワーハラスメントとは、上記の要件を満たす以下のような行為をいう。

（1）　殴打、足蹴りするなどの身体的攻撃

（2）　人格を否定するような発言をする精神的な攻撃

（3）　自身の意に沿わない社員に対して、仕事を外したり、長期間にわたり、別室に隔離するなどの人間関係からの切り離し

（4）　長期間にわたり、肉体的苦痛を伴う環境下で、業務に直接関係のない作業を命じるなどの過大な要求

（5）　上司が管理職である部下を退職させるために、誰でも遂行可能な業務を行わせるなどの過小な要求

（6）　集団で同僚1人に対して、職場内外で継続的に監視したり、他の従業員に接触しないように働きかけるなどの個の侵害

・適用範囲（従業員、職場の範囲、被害者の範囲）

> （例）
>
> 　なお、ここにいう社員には、正社員のみならず、契約社員等の非正規雇用社員及び派遣社員も含まれるものとする。

・懲戒規定

> （例）
>
> 　次の各号に掲げる場合に応じ、当該各号に定める懲戒処分を行う。
>
> （１）　第○条第○項、第○条第○項（○）から（○）までのハラスメント行為を行った場合
>
> 　　譴責、減給、出勤停止又は降格
>
> （２）　前号の行為が再度に及んだ場合、その情状が悪質と認められる場合。第○条第○項及び第○条第○項のハラスメント行為に及んだ場合
>
> 　　懲戒解雇

・相談及び苦情への対応

> （例）
>
> 　職場におけるハラスメントに関する相談及び苦情の処理の相談窓口は、本社及び各事業場に設けるものとし、その責任者は人事部長とする。人事部長は、窓口担当者の名前を人事異動等の変更の都度、周知するとともに、担当者に対する対応マニュアルの作成及び対応に必要な研修をする。

・調査手続、調査協力義務

> （例）
>
> 　事情聴取や資料の提供を求められた従業員は、正当な理由がない限り、調査に協力すべき義務を負い、事実を隠ぺいせず、真実を述べなければならない。また、聴取の対象となる事実関係や聴取を受けていることについて社内外で口外する等、会社の調査を妨害する行為をしてはならない。

・事後対応、プライバシー保護、再発防止

（例）

　対応マニュアルに従い、所属長は、人事部長に事実関係を報告し、人事部長は問題解決のための措置として、懲戒のほか、行為者の異動等被害者の労働条件及び就業環境を改善するために必要な措置を講じる。

　ところで、ハラスメント防止規程を就業規則と別に定めたからといって、その改訂手続は就業規則より簡便に行えるというわけではありません。

　ハラスメント防止規程に、懲戒規定を設けた以上、これは、本来、就業規則の記載事項になりますから（懲戒解雇に関する事項は、「退職に関する事項」として就業規則の絶対的記載事項（労基89三）となり、その他懲戒に関する事項は、「表彰及び制裁」として相対的記載事項（労基89九）となります。）、就業規則の制定・改訂と同じ厳格な手続をとる必要があります。

　したがって、ハラスメント防止規程の制定・改訂にあたっては、就業規則と同様に、労働者の意見聴取（労基90）、労基署への届出（労基89）、労働者への周知（労基106）等の手続が必要です。

〔山浦美紀〕

【3】　人的資源が限られた小規模な職場でも、自力でハラスメント対応の体制を整えなければならない！？

　中小企業や個人事業主など、人的資源が限られている小規模な職場において、ハラスメント対応の体制整備をする際の実務的工夫はどのようなものか？

POINT	・企業規模の大小を問わず、全ての事業主がハラスメント防止のための雇用管理上の措置義務を負う。

誤認例	小規模な職場であっても、社内に相談窓口を設置し、自力でハラスメント調査をして、ハラスメント防止に努めなければならない。

本当は	外部の専門家の力を借りて、雇用管理上の措置義務を履行することも許される。外部の弁護士等に、ハラスメント防止研修、相談窓口の担当やハラスメント調査を依頼することにより、ハラスメント防止を図っていくことも、一つの選択肢として検討するとよい。

解　　説

1　全事業主が負うハラスメント防止・事後対応の法的な措置義務

（1）　ハラスメント関連法

　ハラスメント関連法では、パワーハラスメント、セクシュアルハラスメント、妊娠・出産・育児休業・介護休業等に関するハラスメントに関し、「事業主は、・・・当該相談者からの相談に応じ、適切に対応するための必要な体制の整備その他雇用管理上必要な措置を講じなければならない」（労働施策推進30の2①、雇均11①・11の4①、育児介護25①）と規定されています。これらの法令の規定の「事業主」には、雇用している従業員数による限定はありませんので、全ての事業主が含まれます。

　つまり、企業規模を問わない全事業主（中小企業も個人事業主も含みます。）に、ハラスメント防止・事後対応の雇用管理上の措置義務が法律により課されています。

（2）　公益通報者保護法

　これに対し、令和4年6月から施行されている改正公益通報者保護法（令和2年法

律第51号による改正）による、内部通報に適切に対応するための必要な体制の整備等（通報受付窓口の設置、調査、是正に必要な措置をとること等）の義務付けについては、中小事業者（従業員数300人以下）は努力義務とされています。

　ハラスメントの中でも、刑法犯に該当する行為（不同意性交、不同意わいせつ、暴行、傷害、脅迫、名誉棄損、侮辱等）については、公益通報者保護法の通報対象事実となりますので、同法に則った対応が必要となりますが、この点は、中小事業者にとっては努力義務にとどまります。

2　小規模な職場で潜在化するハラスメント

　小規模な職場では、職場の皆とコミュニケーションがとりやすく、信頼関係を築きやすい反面、反りが合わないメンバーとのコミュニケーションを避けて通れない面もあり、これが、ハラスメント問題の土壌となることがあります。

　そして、ハラスメントと感じる出来事に遭遇しても、職場のメンバー同士が親密であるために、職場内では悩みを相談できないこともあります。さらには、役員や個人事業主といった経営者や経営幹部が加害者となり、その者からハラスメントをされているため、職場内の誰にも相談できないといった悩みも抱えがちです。

　小規模な職場でも、ハラスメントが潜在化・深刻化する前に、適切に対応できる体制整備が不可欠と考えます。

3　相談窓口設置における工夫

　大企業では、相談受付業務やその後の調査業務を専属的に担当する従業員を配置することもありますが、中小企業や個人事業主といった小規模な職場等では、人的資源が限られていますから、そのような配置は現実的ではありません。

　筆者が、中小企業等にお勧めするのは、現に、ハラスメント相談を聞いている人事部や総務部の従業員を、ハラスメント相談窓口担当者と指定し、社内に周知することです。これにあたり、担当する社員には、改めて相談窓口担当者としての研修を実施し、ハラスメントの基礎知識の他、プライバシー保護、相談者等の不利益取扱い禁止や傾聴の仕方等について、知識やノウハウを増強してもらう必要があります。

　ただし、小規模な職場では、相談窓口担当者に、相談したい案件について利益相反があるとか、相談窓口担当者と相手方（ハラスメント行為者）が親しいようだという心配から、従業員が担当する相談窓口には相談しにくいということも起こりやすいものです。そこで、社外の者が相談を受け付ける窓口（社外相談窓口）の設置も検討したいところです。

　中小企業での社外相談窓口設置にあたっては、「公益通報者保護法に基づく指針（令和3年内閣府告示第118号）の解説」（令和3年10月　消費者庁）が、「中小企業の場合には、何社かが共同して事業者の外部（例えば、法律事務所や民間の専門機関等）に内部公益通報受付窓口を委託すること」、「事業者団体や同業者組合等の関係事業者共通の内部公益通報受付窓口を設けること」としている点が参考となります。

　これらの、社内と社外の相談窓口は、双方とも設置できるのが最善の方法ですが、いずれか一つを選択して設置することでも、ハラスメント関連法上の雇用管理上の措置義務の履行としては足ります。

4　ハラスメント防止研修における工夫

　中小企業等を含めた事業主は、ハラスメントを行ってはならない旨を社員に周知・啓発することを義務付けられています。この周知・啓発のために不可欠なのが、社内研修です。

　厚生労働省の「あかるい職場応援団」という情報サイトでは、啓発に使用できる動画やテキストが掲載されています。これを活用することで、中小企業等も、すぐに社内研修を実施することができます。

　もっとも、よりお勧めなのは、外部講師に委託して社内研修を実施することです。外部講師が事前に企業の人員構成（年齢・性別）や業種、ハラスメントをめぐる実情を把握した上で研修を実施することで、より効果的な研修とできます。また、人間関係が密であるが故に伝えにくい内容も、外部講師が代弁できるという利点もあります。

〔大浦綾子〕

| 別の視点から | 中小企業・個人事業主におけるハラスメント対応の難しさ |

　中小企業・個人事業主のような小規模な職場でハラスメントが発生した際、職場の大きさや部屋数などの関係から物理的に加害者と被害者を接触しないようにすることも、難しいところがあります。

　また、ハラスメント行為者が経営者本人（代表取締役）であったり経営幹部（その他役員）であったりした場合の調査方法も、ハラスメント行為者の立場を理由に頭を悩ませるところです。ハラスメント行為者と被害申告者を隔離できない場合の対応については、【37】にて対応策を検討しています。また、経営者本人や経営幹部といった役員のハラスメントについては、【29】にて解説をしていますので、ご参照ください。

〔山浦美紀〕

【4】　ハラスメントには専用の相談窓口を設置しなければならない！？

　ハラスメントに関する体制を整備するにあたっては、当社に既に設置済みの公益通報窓口にて、ハラスメント相談も受け付ければ足りるか、あるいは、これに加えて、別途、ハラスメント相談窓口を設置する必要があるのか。

POINT	・会社は、雇用管理上の措置義務の具体化として、ハラスメントの相談（苦情を含む）に応じ、適切に対応するために必要な体制を整備しなければならず、相談窓口をあらかじめ定め、労働者に周知する必要がある。

誤認例	公益通報の窓口でハラスメント相談も受け付ければよい。

本当は	公益通報の窓口とハラスメント相談窓口は、根拠となる法律も異なる上、制度趣旨も異なるため、別々の窓口である方が望ましい。窓口を同じとする場合には、窓口に複数の担当者を置く等の留意が必要である。

解　説

1　公益通報窓口とハラスメント相談窓口の違い

（1）　守秘義務の違い

　令和4年6月1日に、公益通報者保護法の改正法が施行され、事業者に対し、必要な整備（窓口、調査、是正措置等）が義務付けられました。公益通報の窓口の担い手となる内部調査等に従事する者に対しては、通報者を特定させる情報の守秘を義務付け、同義務違反に対する刑事罰が導入されました（公益通報12・21）。なお、中小事業者については、努力義務に留まりますが、このように、公益通報窓口担当者には、刑事罰を伴う守秘義務が課されるに至りました。

　他方、ハラスメントの相談窓口担当者も、もちろん、業務上、守秘義務を負います。また、相談者のプライバシー情報を故意・過失により開示したりした場合には、民事上、損害賠償責任を負うこともあります。しかし、ハラスメント相談窓口担当者は、

公益通報の窓口担当者のように、刑事罰を伴うような厳しい守秘義務までを負っているわけではありません。

（2）　ハラスメント相談窓口は被害者救済のための窓口であること

ハラスメント相談窓口は、ハラスメントの被害を受けて悩んでいる人の相談を受け付ける趣旨で設けられており、相談案件にかかる行為がハラスメントに該当するか否かにかかわらず、相談者を救済するために設けられる窓口です。

他方で、公益通報窓口は、刑法犯といった犯罪行為やガバナンス違反等、不正な行為に関わらせられているおそれがあり、自分が加害者である場合にも利用される窓口です。

このように、別の立法趣旨から設置され、その目的も違った窓口ということになります。ハラスメント相談窓口は、あらゆるハラスメント（ハラスメントに該当するおそれのある事象も含みます。）を幅広く扱いますが、公益通報窓口は、そうではありません。ハラスメント相談窓口と公益通報窓口は性質が違うものです。

2　窓口を別にすることが困難な場合

会社の規模が大きい場合には、人的・物的規模にも余裕があり、ハラスメント相談窓口と公益通報窓口を別々に設けることができるかと思われます。しかし、そういった体制が整っていない場合には、複数の窓口を設けることが物理的に困難なケースもあるでしょう。

法律上、ハラスメント相談窓口と公益通報窓口を別々に設置しなければならないという規制はありません。同じ担当者や同じ部署が窓口となることは可能です。

3　窓口を同じくした場合の留意点

公益通報窓口とハラスメント相談窓口を同じ担当者・同じ部署が担当すると、一般的に、相談として持ち込まれる案件としては、ハラスメント事案の方が多いものと思われます。ハラスメントの中には、性被害を含んだセクハラのように、相談内容がセンシティブなものがあります。そのような場合、被害者と同性の担当者が相談窓口となった方が相談しやすいということもあります。また、ハラスメント相談窓口と公益通報窓口では、事案を解決するための前提知識が異なってきますし、処理のフローも異なります。相談後の処理を取り違えないように留意する必要があります。

公益通報窓口とハラスメント相談窓口を同じくする場合には、窓口担当者の人選に留意し、複数の担当者を置き、それぞれの窓口の処理フローについてしっかりと研修を行うのがよいと考えます。

〔山浦美紀〕

| 別の視点から | 窓口を分けていても公益通報窓口にハラスメント申告がなされる場合 |

　ハラスメント相談窓口と公益通報窓口を、別々に設けている企業であっても、公益通報窓口に、ハラスメント申告がなされることがあります。その場合、公益通報窓口は、ハラスメント申告を受け付けて、対応を進めるべきと考えます。なぜなら、ハラスメント行為が刑法犯を構成する場合は、公益通報者保護法の対象となりますし、また、「通報対象事実が・・・まさに生じようとしていると思料する場合」にも、その対象となるため、「その相談はハラスメント相談窓口へ行ってください」として相談を不受理とすることはできない場合が多いためです。そこで、公益通報窓口は、厳格な守秘義務、通報者特定情報の範囲外共有の禁止といったルールに従い、ハラスメント問題の調査を進めて、事後対応をします。ハラスメント事案で、特に、被害者が通報者となっている場合には、通報者特定情報を、従事者（公益通報窓口担当者等）以外に共有するにあたっては、通報者の同意を得ることが重要です。

　では、同じ会社で、ハラスメント相談窓口に申告がなされた場合に、相談担当者等の守秘義務を緩和できるかというと、必ずしもそうではありません。なぜなら、「公益通報者保護法に基づく指針の解説」Ⅱ2（2）③によると、公益通報窓口以外の者が公益通報をうけた場合には、その者が従事者に指定されていないとしても、その者からの通報者特定情報の範囲外共有を防止すべきとされているからです。

　以上の点を考えると、企業としては、どの窓口でハラスメント相談を受け付けたとしても、公益通報者保護法の要請にかなう情報管理をすることが得策といえます。この見解に立てば、むしろ、ハラスメント相談窓口と、公益通報窓口を一本化し、統一されたルールのもとで厳格な守秘義務を順守していくのがよいといえます。

　このように、制度設計については、様々な考え方があることから、企業ごとに運用状況を振り返り、さらに適正で迅速な対応を可能にする方法はないかと、改良をしていく必要があるといえます。

〔大浦綾子〕

【5】　相談窓口の担当者は1名のみでも対応できる！？

　ハラスメント相談窓口を設置するに当たり、秘密保持の観点から、たとえば、①社内で窓口を担当者1名にする、②グループ会社全社で担当者1名にする、③外部の弁護士1名に依頼する、というように、会社全体で担当者1名のみとすることは可能か。

POINT
・ハラスメント関連法上、会社は、相談窓口の担当者を定め、ハラスメントに該当するか否か微妙な場合も含めて広く相談に対応できるようにするべきであるが、それと併せて、相談者・行為者等のプライバシーを保護するための必要な措置も要請されている。

| 誤認例 | 相談窓口の担当者は秘密保持のために1名のみとするのがよい。 |

| 本当は | 多様な相談に対応し、相談の門戸を広げ、利益相反を回避するためにも、性別・立場・属性の異なる複数の担当者が相談窓口対応をしたほうがよい。 |

解　説

1　措置義務の具体化としての相談窓口の設置

　ハラスメント関係指針には、雇用管理上の措置義務の具体化として、「相談（苦情を含む）に応じ、適切に対応するために必要な体制の整備」として、概要、以下のことが挙げられています。

①　相談窓口をあらかじめ定め、労働者に周知すること

②　相談窓口担当者が、内容や状況に応じ適切に対応できるようにすること

③　被害を受けた労働者が萎縮するなどして相談を躊躇する例もあること等を踏まえ、相談者の心身の状況や当該言動が行われた際の受け止めなどその認識にも配慮しながら、ハラスメントが現実に生じている場合だけでなく、発生のおそれがある場合や、ハラスメントに該当するか否か微妙な場合であっても、広く相談に応じ、適切な対応を行うようにすること

　そして、これと併せて講ずべき措置として、「相談者・行為者等のプライバシーを保護するために必要な措置を講ずるとともに、その旨を労働者に対して周知すること」も要請されています。

　また、「望ましい取組の内容」として、「あらゆるハラスメントの相談について一元的に応じることのできる体制を整備すること」との旨が挙げられています。

2　具体的な相談窓口の設置方法（複数名対応の勧め）

　上記のようにハラスメント関係指針により策定されている雇用管理上の措置義務の具体的内容として、窓口の担当者を何名にするかといったことは記載されていませんので、これは各事業主の決定に委ねられていると言えます。

　そして、「相談者・行為者等のプライバシーの保護」を徹底するために、プライバシーに係る情報に接する従業員の数を最小限に絞ろうということで、相談窓口の担当者（相談員）を1名に限るという考え方もあり得るでしょう。

　しかしながら、相談員を1名にすることで、相談対応の適正さや迅速さを実現しづらかったり、多様な相談に応じにくかったり、相談の門戸が狭められたり、相談者との利益相反の問題が生じることがあります。

　そこで、相談員は複数名とすることをお勧めします。また、相談員は、異なる性別・異なる立場・異なる属性の者が含まれるのがよいでしょう。

（1）　複数名で担当することのメリット

　1名で相談を受けた場合、相談者から「相談員の対応が不適切であった」と苦情を受けた場合、「適正に相談対応をした」ことが担保されないおそれがあります。したがって、相談対応が適正に行われたことの担保のため、複数名での対応が望ましいでしょう。

　他方で、複数人で取り囲んで威圧的な雰囲気となった場合、相談者が相談しにくいことがありえます。したがって、1名が聴取担当、1名が記録担当というように役割分担をして相談を聴取するのがよいでしょう。

　また、相談員が1名であった場合、その者が休暇をとっていたり、出張中であったり、多忙である場合、相談に応ずることが物理的に困難になることがあります。迅速な対応も必要ですから、やはり、複数人で担当するのがよいでしょう。

（2）　性別、立場、属性の異なる相談員が担当することのメリット

　男性だけ、女性だけの相談員で担当するよりも、異なる性別の相談員が複数で担当することがよいでしょう。特に、セクハラの相談や、パワハラやマタハラ相談で性的

あるいは性差別的な言動が含まれている場合には、相談者と同性の相談員と異性の相談員が複数で対応することとする方が、適切な対応がしやすいでしょう。

　また、管理職・非管理職の別、現業・非現業の別といった具合に、立場や属性が異なる相談員が複数で担当するほうが偏りなく事実を聞き出しやすいです。

（3）　利益相反の回避のメリット

　また、相談員が一人であった場合、当該相談員がハラスメントの当事者・目撃者、あるいはハラスメント行為者や相談者と親しい者であるおそれがあります。ハラスメントの当事者がまさに相談員であった場合は、相談窓口自体が機能しませんし、利害関係がある者が相談員であると被害者は偏頗な対応をされるのではないかという懸念から相談を躊躇する場合もあります。

　こういった観点からも、やはり相談員は、複数名確保すべきでしょう。

（4）　守秘義務の徹底や研修制度の充実化を

　相談員を複数とした場合に、機密性の高いプライバシー情報に接する者の人数が増えるわけですが、これによって、「相談者・行為者等のプライバシーの保護」がおろそかになることは許されません。

　各相談員が、「これはハラスメント相談ではない」などと軽信して、相談内容を社内で吹聴してしまったり、調査に着手する前に、ハラスメントの行為者に直接注意をしてしまったり、といったことで、プライバシー情報が他に伝わってしまうようでは、措置義務違反となりかねませんし、相談窓口に対する信頼は容易に失われてしまいます。

　相談員を複数名設けることは大事ですが、「多ければ誰でもよい」というものではありません。相談者・行為者等のプライバシーを保護するために必要な措置として、ハラスメント関係指針で例示されている以下の①ないし③の事項を参考に、従業員から信頼される相談窓口制度を構築しましょう。

①　相談者・行為者等のプライバシーの保護のために必要な事項をあらかじめマニュアルに定め、相談窓口の担当者が相談を受けた際には、当該マニュアルに基づき対応するものとすること。

②　相談者・行為者等のプライバシーの保護のために、相談窓口の担当者に必要な研修を行うこと。

③　相談窓口においては相談者・行為者等のプライバシーを保護するために必要な措置を講じていることを、社内報、パンフレット、社内ホームページ等広報又は啓発のための資料等に掲載し、配布等すること。

3　グループ会社で1つの窓口とすることは

　ハラスメント関係指針により策定されている雇用管理上の措置義務の具体的内容として、グループ会社で1つの相談窓口を設ける方法は禁じられていません。

　ただし、グループ会社を有するような大きな企業では、グループ会社に統一の窓口で、かつ、担当者が1名だけということは、迅速な対応がしにくいこともありますので、グループ会社で1つの窓口であっても、その相談窓口は、複数の相談員が担当すべきでしょう。子会社の従業員からすれば、グループの親会社に相談することは躊躇を覚えるということも考えられます。後記5に記載するように、相談窓口への連絡方法を具体的に記載し、相談したことについての守秘が徹底されていること、不利益取扱いを受けないことも合わせて、周知をすべきです。

　イビデン事件（最判平30・2・15労判1181・5）は、セクハラの被害者と加害者がグループ内の異なる会社に属している事案でしたが、親会社が設けた相談窓口に相談の申出があれば、親会社は相応の対応をするように努めることが想定されていたといえ、申出の具体的事情いかんによっては、申出を受け、体制として整備された仕組みの内容、申出にかかる相談の内容等に応じて「適切に対応すべき信義則上の義務」があると判示されました。

　相談窓口という形だけを用意するのではなく、その中身も迅速かつ適切な対応をするような体制を整える必要があります。

4　相談窓口を外部弁護士等に依頼することの可否

　ハラスメント関係指針により策定されている雇用管理上の措置義務の具体的内容として、相談窓口を外部弁護士・外部社会保険労務士・コンサルティング会社等に依頼することは否定されていません。

　ただし、外部窓口だけを設置した場合、その窓口がどのようなものか推測しにくいため、相談者が相談を躊躇するおそれもあります。外部窓口だけではなく、社内窓口やグループ会社窓口も設置した上で、外部窓口も設置するという方が相談の門戸が広がってよいでしょう。

5　相談窓口の周知

　以上のように、相談窓口を設けたとしても、その存在が知られていなければ、活用されずじまいになりかねません。そこで、社内報・社内イントラネット・給与明細・ポスター等を利用して、周知をはかりましょう。

　周知文書には、具体的に、以下のような記載をすることをお勧めします。

　パワハラ・セクハラ・マタハラの相談窓口を、以下のとおり設置しています。ご自身のことでなくても構いませんので、安心して相談してください。秘密は守ります。相談したことを理由に解雇・降格等の不利益な取扱いを受けることはありません。

　相談窓口　人事部長　　　　　甲野太郎（内線1234、メールアドレス○○）
　　　　　　人事部主任　　　　乙野花子（内線1235、メールアドレス○○）
　　　　　　総務部長　　　　　丙野次郎（内線4321、メールアドレス○○）
　　　　　　総務部主任　　　　丁野安子（内線4325、メールアドレス○○）
　　　　　　外部委託弁護士　　甲坂広子（電話番号○○）
　受付時間　月曜日から金曜日まで　午前9時〜午後5時

　このように、複数の窓口を設けていることを周知し、相談員の研修等を充実化することによって、ハラスメントの紛争を未然に防止することができます。

〔山浦美紀〕

| 別の視点から | ハラスメント相談窓口に関する取組事例の紹介 |

　相談先として複数の選択肢が設けられていれば、社員は、同性の相談員、同年代の相談員、先輩の相談員等から、話しやすい相手を選んで相談をすることができます。相談員が、「相手方と親しそうだから相談しにくい」という心理的障壁を取り去ることもできます。

　会社によっては、30人を超える社内相談員を設けた上で、さらに社外の相談窓口も設置しているといった例もあります。こういった体制づくりには、人事部等の特定の部署の社員だけでなく、様々な部署の社員がハラスメント相談に対応する知識とスキルを身に着けることにより、ハラスメント防止の意識が高い職場をつくることができるという副効用もあります。

〔大浦綾子〕

【6】　相談員や調査員と利害が相反する場合は、途中で担当を外せば十分！？

　ハラスメント相談員やハラスメント調査員が、相談者や相手方と利害が相反するような案件が今後出てくることが予想される。このような利益相反のリスクについては、どのように対処したらよいか。

POINT	・相談者や相手方と、ハラスメント相談員や調査員との利益相反を排除する措置を講ずるべきである。

誤認例	利益相反の有無は個別の相談事案ごとに判断するほかない。相談の申し出があった段階で、相談員・調査員との利益相反をチェックして、利害関係のある相談員・調査員は担当しない、あるいは、途中で担当を外れるという対応をせざるを得ない。

本当は	相談案件につき利益相反のある相談員や調査員を、当該事案の担当から外すべきことは当然である。それに加え、予め、相談者の側でも、利益相反のない相談員を選択できる制度としておくことにより、利益相反の発生を予防することが望ましい。

解　説

1　ハラスメント関係指針

　ハラスメント関係指針には、ハラスメント相談員や調査員が、受け付けたハラスメント案件のハラスメント行為者、目撃者や、その他関係者である等の利益相反がある場合についての対処について、具体的な規定はありません。

　他方で、下記2のとおり、公益通報者保護法に基づく指針には、相談員や調査員の利益相反についての記述があります。

2　公益通報者保護法に基づく指針及び当該指針の解説

　（1）　ハラスメント相談と公益通報者保護法との関係

　ハラスメント行為が刑法犯に該当し得る場合は、ハラスメント相談も公益通報者保

護法上の公益通報となりますから、相談窓口の対応は、公益通報者保護法に則って行う必要があります。

　他方、必ずしも刑法犯に該当し得ないハラスメント相談であったとしても、筆者としては、公益通報者保護法のルールを参照しつつ対応するのがよいと考えています。現に、公益通報者保護法上の公益通報と同一の窓口にて、ハラスメントを含む内部規則違反に関する通報も受け付けている会社などでは、必ずしも公益通報に該当しない場合も、公益通報者保護法のルールに則った対応を進めています。

　そこで、公益通報者保護法に基づく指針（公益通報者保護法第11条第1項及び第2項の規定に基づき事業者がとるべき措置に関して、その適切かつ有効な実施を図るために必要な指針）が、相談員や調査委員に利益相反がある場合の措置について、どのように規定しているか、解説しておきます。

（2）　公益通報者保護法に基づく指針及び当該指針の解説の内容

　公益通報者保護法に基づく指針は、「公益通報対応業務における利益相反の排除に関する措置」として、「内部公益通報受付窓口において受け付ける内部公益通報に関し行われる公益通報対応業務について、事案に関係する者を公益通報対応業務に関与させない措置をとる」と定めています。これは、会社の対応の中立性・公平性を阻害しないために要請されている措置です。

　そして、「公益通報者保護法指針（令和3年内閣府告示第118号）の解説」（以下、「指針解説」）は、当該措置の具体例として、

・「事案に関係する者」を調査や是正に必要な措置の担当から外すこと
・受付当初の時点では「事案に関係する者」であるかが判明しない場合には、「事案に関係する者」であることが判明した段階において、公益通報対応業務への関与から除外すること

を挙げています。

　さらに、指針解説は、「その他に推奨される考え方や具体例」として、

・想定すべき「事案に関係する者」の範囲については、内部規程において具体的に例示をしておくことが望ましい。
・いわゆる顧問弁護士を内部公益通報受付窓口とすることについては、顧問弁護士に内部公益通報をすることを躊躇（ちゅうちょ）する者が存在し、そのことが通報対象事実の早期把握を妨げるおそれがあることにも留意する。また、顧問弁護士を内部公益通報受付窓口とする場合には、例えば、その旨を労働者等及び役員並びに退職者向けに明示する等により、内部公益通報受付窓口の利用者が通報先を選択するに当たっての判断に資する情報を提供することが望ましい。

・内部公益通報事案の事実関係の調査等通報対応に係る業務を外部委託する場合には、事案の内容を踏まえて、中立性・公正性に疑義が生じるおそれ又は利益相反が生じるおそれがある法律事務所や民間の専門機関等の起用は避けることが適当である

と述べています。

3　相談員や調査員の利益相反への実務対応

実務的には、①現に生じた利益相反への対応の他、②起こり得る利益相反を未然に防ぐための工夫として、以下のものが考えられます。

① 　現に生じた利益相反への対応

⑦ 　相談内容からみて、当該事案の被害者、ハラスメント行為者、目撃者に当たり得るものは相談員・調査員から外す

④ 　当該事案の相談者・相手方と職務上近い関係にある者（たとえば、直属の上司部下関係にあるもの、同一部署の同僚等）についても、可能な限り、相談員・調査員から外す

② 　利益相反を防ぐための制度的な工夫

⑦ 　相談員が利益相反を理由に回避すべき事由を予め規定する

例えば、ハラスメント規程に「相談員は、自身が被害者、行為者や、これらの者の上司とされている事案や、目撃者とされているハラスメント事案については、当該相談を回避する」という規定を設けることが考えられます。

このように規定して従業員全般に公表しておくことで、相談員において相談を回避すべきかどうか定型的に判断ができるとともに、相談者としても、複数いる中から適切な相談員を選択することができ、利益相反の相談を未然に避けることができます。

④ 　相談員に顧問弁護士以外の外部弁護士を選任しておく

相談者が、利益相反のない相談員を選ぶためには、社外の窓口も是非必要です。そして、相談者からみると、顧問弁護士がハラスメント行為者と近い存在に見えることもありますから、顧問弁護士以外の外部弁護士がより望ましいといえます。

⑤ 　事実関係の調査を顧問弁護士以外の外部弁護士に委任する

④と同様の理由により、事実関係の調査は、会社と利害関係のない（顧問弁護士以外の）外部弁護士に委任するのがよいでしょう。

〔大浦綾子〕

別の視点から　　中小企業での対応

　相談受付担当者や調査員が、相談案件との利益相反を避ける方法としては、相談受付担当者や調査員を複数人設けておき、少しでも、利益相反が気になる事案があれば、相談受付担当者や調査員が自ら相談案件に関与することを避けることができる環境を整えることが大事です。

　しかし、中小企業の場合、大企業のように、人材が豊富ではないでしょう。相談受付担当者や調査員と、相談案件の関係者が、顔見知りであったり、同僚や元上司部下の関係であった等もっと近しい関係にあるということはよくあることです。そういった場合には、外部の専門家（弁護士等）を利用して、なるべく、利益相反を避けられる環境を整えましょう。

〔山浦美紀〕

【7】　ハラスメント調査結果への不服申立手続の制度化は必要！？

　会社が行ったハラスメント調査により認定した事実関係について、相談者や相手方にフィードバック（報告）をしたところ、これらの者から、「調査結果に不服がある」として、不服申立てがあった。このような場合には、会社にて再調査をすべきか。また、ハラスメント調査結果についての不服申立手続についても制度化しておくべきか。

POINT	・ハラスメント調査は「迅速かつ正確」であることが求められる。

誤認例	調査の正確性を追及するため、当事者から不服申立てがあれば、再調査をすべきである。また、裁判制度に準じた不服申立手続を制度化すべきである。

本当は	具体的な事案において、調査結果に不服のある当事者から、ハラスメント認定や量刑に影響を与える新証拠の提出があれば、再調査をすべきである。不服申立手続を設けることは、各社の裁量に委ねられるが、調査には迅速さも求められることを重視すれば、不服申立手続を設けることには消極となる。

解　説

1　ハラスメント関係指針

　ハラスメント関係指針には、ハラスメント相談があった場合には、事実関係の確認を「迅速かつ正確」にするべき、被害者に対する配慮のための措置を「速やか」「適正」に行うべき、行為者に対する措置を「適正」に行うべき旨が記述されています。このように、ハラスメント調査及び事後措置においては、「迅速」「正確」「適正」が要請されています。

　では、ハラスメントの社内調査の結果に対する不服申立手続は、法律上、設けなければならないものでしょうか。

　この点、ハラスメント関係指針は、ハラスメント調査制度の在り方について、詳細を述べておらず、その制度設計を具体的にどうするかは、各社の裁量に委ねているといえます。したがって、ハラスメント調査に不服のある場合、当事者からの不服申立手続を設けるかどうかも、各社で判断すればよい事項と考えます。

2　懲戒手続について

　ハラスメント行為を懲戒事由として懲戒処分をする場合には、不服申立手続を設けることが、必須となるのでしょうか。

　この点、会社の懲戒規程において、懲戒処分に対する不服申立手続が制度化されている例もあります。このような制度が設けられている会社においては、懲戒処分の対象となった行為者は当該規程に従った不服申立てをすることができ、当該会社は一定の対応を求められます。

　では逆に、そのような懲戒規程がない会社においては、「ハラスメント調査についての不服申立てを認めない」という理由で、行為者に科した懲戒処分が無効となることがあるのでしょうか。この点、不服申立手続が欠けているために懲戒処分の有効性が否定された裁判例は見当たりません。また、日本HP本社セクハラ解雇事件（東京地判平17・1・31判タ1185・214）が「就業規則に弁明の機会付与の規定がない以上、弁明の機会を付与しなかったことをもって直ちに当該懲戒処分が無効になると解することは困難というべきである。」と判示していることからしても、ハラスメント調査後の不服申立ての機会を付与するという手続を欠くことで、懲戒処分が無効になるとは考えられません。

3　不服申立手続を設けることによるデメリット

　不服申立手続を設けることは、行為者に対し手厚い手続保障を与えることになるというメリットはありますが、他方で、いつまでも終局的な事後対応を行えないというデメリットもあります。

　例えば、ハラスメント認定に対する行為者の不服申立てを許容した場合、これに対する裁定がなされるまでの間は、行為者への懲戒処分などの事後措置は実施できません。そうすると、行為者がハラスメント認定をされたものと同種の行為が繰り返すことを抑止できない事態も想定され、被害者をはじめとした従業員の就業環境が害され続ける心配があります。反対に、ハラスメントが認定できないとの判断に対する相談者の不服申立てを許容した場合にも、相談者が上司からの指示がハラスメントであるとの主張を繰り返し、業務指示に従わず、企業秩序が乱される心配があります。

4　不服申立手続以外で適正を確保すべき

　以上のとおり、不服申立手続は、法律上の要請ではなく、むしろ設けることによる重大なデメリットも想定されます。筆者としては、ハラスメント調査結果に対する不服申立手続を設ける必要はないと考えます。手続の適正や事実認定の正確さを担保するためには、不服申立手続の創設よりも、ハラスメント調査の当初から弁護士等の外部の専門家を関与させることが得策です。

　もっとも、相談者や相手方から、「新証拠」や「新事情」があるとの申し出がある場合には、個別に再調査の要否を検討するのがよいでしょう。

〔大浦綾子〕

別の視点から　ハラスメント調査結果のフィードバック

　ハラスメント調査が終わった後、ハラスメントの被害申告者にその結果をフィードバックするか否かは、社内規則の規定の仕方によります。被害申告者に調査結果のフィードバックをすることについての根拠規定が社内規則にない場合でも、調査結果を被害申告者に説明することもあります。ところで、会社がパワハラの申告について適切に調査をせず、判断経過等の開示を拒否したことが違法であると主張された裁判例があります（東京地判平26・7・31判時2241・95）。そこでは「被告会社においては、通報・相談内容及び調査過程で得られた個人情報やプライバシー情報を正当な事由なく開示してはならないとされていることからすると、被告Y1において、調査結果や判断過程等の開示を文書でしなかったことには合理性があったものといえ、しかも、被告Y1は、原告に対し、被告Y2への調査内容等を示しながら、口頭で被告Y2の行為がパワーハラスメントに当たらないとの判断を示すなどしていたものであって、被告Y1に違法があったということはできない」と判示されています。フィードバックを文書で詳細に行う必要まではありませんが、被害申告者の納得のために、結論や理由の要旨を開示することが一般的です。

　なお、ハラスメントの調査対象となったハラスメント行為者に対して、調査結果をフィードバックするか否かについても、社内規則の規定の仕方によります。社内規則の規定がない場合には、ハラスメント行為者に結果を通知する必要はありませんが、ヒアリングを受けたハラスメント行為者は、自らの処遇がどうなるかという点に関心があると思われます。たとえば、結果について、問い合わせがあったら対応するというような形式でもよいので、きちんと誰にどのような内容をフィードバックするかについて、規定を設けておくのがよいでしょう。

〔山浦美紀〕

【8】　カスタマーハラスメントに該当する相談は、社内向けのハラスメント相談窓口で受け付けなくてよい！？

　従業員から、カスタマーハラスメントに関する内容の相談が、社内のハラスメント相談窓口に寄せられた。相談窓口では、現在、取引先等の社外の行為者によるハラスメントに関する相談を受け付けることとしていないが、制度を変更して、カスタマーハラスメントの相談を受け付けるようにすべきか。

POINT	・パワハラ指針は、取引先等の他の事業主が雇用する労働者又は他の事業主からのパワーハラスメント等に対しても、相談に応じ適切に対応するために必要な体制の整備をすることが望ましいとしている。

誤認例	社内のハラスメント相談窓口で、カスタマーハラスメントの相談も受けるように、制度を変更するとよい。

本当は	社内のハラスメント相談窓口で相談を受けることはもちろん、カスタマーハラスメントには、被害申告をしにくい背景があることを理解した上で、正当なクレームとハラスメントの区別や、相談後の解決フローについての周知にも力を入れるべきである。

解　説

1　実態調査結果

　令和2年度厚生労働省委託事業「職場のハラスメントに関する実態調査報告書」によると、過去3年間に顧客等からの著しい迷惑行為（いわゆるカスタマーハラスメント）を受けた者がとった対応として、「謝り続けた」というものが32.3%、「何もできなかった」というものも20.8%を占めています。従業員が、顧客の対応は度を越していると感じつつも、声を上げることなく耐え続けているという場面が多くあるようです。

　カスタマーハラスメント対策としては、特に何もしていないと回答した企業が57.3%ですが、相談窓口を整備している企業も27.5%あります。

2　パワハラ指針

　パワハラ指針の7は、「事業主が他の事業主の雇用する労働者等からのパワーハラスメントや顧客等からの著しい迷惑行為に関し行うことが望ましい取組の内容」を規定しています。

　具体的には、以下の①②の取組を行うことが望ましいとされており、また、③のような取組も被害防止の上で有効とされています。

① 　相談に応じ、適切に対応するために必要な体制の整備

② 　被害者への配慮のための取組

③ 　他の事業主が雇用する労働者等からのパワーハラスメントや顧客等からの著しい迷惑行為による被害を防止するための取組

　筆者としても、カスタマーハラスメントについても、相談を受け付けて、事実調査を行い、被害者への配慮を行うことが、職場環境配慮義務履行の観点からも重要と考えます。会社のハラスメント相談窓口の受付案件を、ハラスメント行為者が社外の者である案件に拡大することをお勧めします。

3　相談体制を設けると同時に取り組むべきこと

　もっとも、カスタマーハラスメントの特性から、被害を受けていると感じた従業員が、率直に相談しづらいこともあります。

　例えば、顧客からのクレームの発端が、従業員の落ち度にある場合には、自分が悪いのだからと我慢をしたり、会社に相談をしたら自分が誹りを受けるかもしれないと躊躇したり、といったこともあります。企業文化によっては、「お客様は神様だ」という意識が浸透していて、客の行為が不当なハラスメントだと捉えること自体に抵抗を感じていることもあります。

　したがって、これらを乗り越えて、積極的に相談をしてもらえる環境を作るためには、以下のような周知も必要です。

（1）　正当なクレームとハラスメントの区別についての研修

　まず、従業員には、客からのクレームであっても、ハラスメントとなり得ることと、その判断基準を周知しておく必要があります。

　筆者は、従業員向けには、以下のような区別を示しています。

	要求内容が正当	要求内容が不当
要求態様が正当	正当なクレーム	ハラスメントとなり得る
要求態様が不当	ハラスメントとなり得る	ハラスメントとなり得る

　ここで重要なのは、要求内容が正当でも、要求態様が不当であれば、ハラスメントとなるという点です。

　例えば、会社側のサービス提供に不十分な点があった場合には、顧客からの料金を減額せよとの「要求内容」は法的に正当であるものの、営業時間を過ぎても事業所に居座るとか、長時間の電話で同じ内容を繰り返すような「要求態様」は不当であり、ハラスメントとなり得るということです。

　クレームの発端が従業員側の落ち度にあった場合でも、顧客から長時間拘束されたり、ひどい暴言を受けたりする等の迷惑行為を我慢する必要はない、ということを伝えることが大切です。

（２）　相談後の解決フローを周知すること

　従業員に、相談窓口に相談した後の解決フローを示すことも重要です。相談をすれば、必ず会社が解決に向けた行動を起こしてくれるという信頼感を従業員に持ってもらうことで、相談を促すことができるのです。

　そのために、まず相談後の解決フローを定める必要があります。大まかには、相談者をはじめ関係する従業員からのヒアリングをしたのち、客観的な資料（メール、現場録音・録画等）を確認した上で、会社としての法的責任の有無を判定します。この認定・判定のプロセスで、場合によっては、顧客側の言い分をヒアリングすることもあるでしょう。このような会社としての認定・判定を経た上で、会社から、客に対して、賠償をするのか等の回答をします。

　このプロセスの中で重要なことは、会社としては、客がクレームを言っているという一事をもって、客の言い分を認めるのではない、という点です。会社として、従業員側からも事情聴取をして事実を調査した上で、法的な検討も経て、スタンスを決め、会社としての見解をもって客に回答をする、という点が重要です。

　このようなフローを従業員に周知することで、従業員は、客の言い分の正当性を、客観的な立場から法的に判断する方法があるのだと理解し、会社にカスタマーハラスメントを相談をしてみようという心境になるでしょう。

〔大浦綾子〕

　別の視点から　　「お客様は神様です」の概念から離れることの重要性

　かつては、サービス業においては、「お客様は神様です」の考えのもと、お客様からの要求は何でも受け入れるとの風潮が一般的であったかもしれません。とくに、不動産や自動車、高級品など、高額の商品を購入したり、高額サービスの提供を受けた場合、本来のサービス以上のものを顧客が期待することがよくあります。販売品に少しのキズが

入っていたということで、深夜に遠方の自宅まで取りに来させたり、修理でまかなう範囲であるのに新品との取り替えを要求したりと、明らかに過剰なサービスの要求について、上司が承諾してしまった場合、それに対応させられるのは部下になります。会社が、サービスとクレームの基準をはっきりと示さない場合、部下は、顧客の不当なクレームまで正当なサービスの提供であるとして履行しないといけないと思い込み、カスタマーハラスメントに該当するような行為も受け入れてしまうおそれがあります。本文で示したように、会社が、正当なクレームとハラスメントの基準を従業員にきちんと示すことがカスタマーハラスメント防止の第一になすべきことです。

〔山浦美紀〕

第 2 章

相談者からの相談を
受けたときの落とし穴

【9】　部下からハラスメントの相談を受けた上司は、責任を持って単独で問題を解決するべき！？

　部下が、ハラスメント相談窓口ではなく、上司である私に、ハラスメントの相談をしたいと言っている。窓口ではない上司が相談を受けた場合の対応で注意すべき点はあるか。

POINT	・上司が相談を受けた場合にも、会社は職場環境配慮義務を負う。

誤認例	相談を受けた者として、責任をもって、上司自らがヒアリングを行うなど、ハラスメント問題の解決にあたるべきである。

本当は	相談を受けた上司として親身な対応は不可欠であるが、直属の上司が、中立の立場で、ヒアリング等の事実調査を実施することは困難である場合も多い。自ら単独で解決すべきと考えるのではなく、相談者にハラスメント相談窓口の利用を勧めるとか、上司自らが人事部等の担当部署と対応を協議する等の方法により、会社が負う職場環境配慮義務を履行することを検討すべきである。

解　説

1　上司がハラスメント相談を受けた場合も会社は職場環境配慮義務を負う

　会社は、従業員に対する職場環境配慮義務（労働契約法5条の安全配慮義務の一種）を負っており、その一内容として、ハラスメントがあるとの相談を受けた際に再発防止策を構ずる義務も負っています。すなわち、相談内容に応じ、事実調査や是正措置を講ずべきということです。

　ハラスメント相談窓口の担当者が相談を受けた場合に、会社が、当該相談案件に関して職場環境配慮義務を負うことは当然ですが、ハラスメント相談窓口の直接の担当者ではない上司が、部下からハラスメント相談を受けた場合にも、同様に職場環境配慮義務を負うと考えておくべきです。なぜなら、上司は、部下である相談者（さらに、

ハラスメント行為者も部下であることもあるでしょう。）の指導監督や会社秩序の維持を職責としているからです。

　この点、さいたま市（環境局職員）事件（東京高判平29・10・26労判1172・26）は、部下（管理係の業務主任）が上司（管理係長）に対して、指導係からパワハラを受けているとの訴えをした場合には、当該上司には「パワハラの有無について事実関係を調査確認し、人事管理上の適切な措置を講ずる義務がある」とした上で、当該上司が「事実確認をせず、かえって、職場における問題解決を拒否するかのような態度を示し」た等の対応につき、市の職場環境調整義務違反を認定しています。

　したがって、ハラスメント相談を受けた上司が、これを放置したり、不適切な対応をしたりすれば、会社に職場環境配慮義務（職場環境調整義務）違反が認められる結果となりかねません。

2　直属の上司が独自にハラスメント調査を行うことは不適切な場合も

　しかし、相談を受けた直属の上司が、単独で事実調査のためのヒアリング等を実施することは、適切でない場合もあります。

　なぜなら、事実調査は、中立の立場から実施すべきであるところ、直属の上司は、相談者である部下と近い関係にあることが多く、ヒアリングや事実認定において、中立の立場を貫くことは困難なことも多いためです。ハラスメント行為者とされた従業員も部下である場合には、一層、どちらにも肩入れをしない立ち位置をとることは、難しくなります。

　また、上司が、単独でヒアリング等の調査を行い、ハラスメントか否かの結論を出して、注意指導をする、ということをした場合、事後にも問題が生じ得ます。ハラスメントの調査結果が、相談者か相手方、どちらかの意向に沿わない結論となった場合に、上司と部下との間での信頼関係構築が難しくなりかねないのです。

　よって、相談を受けた直属の上司が、単独で事実調査や是正措置を講ずることは、できる限り避けるべきと考えます。

3　しかるべき対応部署につなぐことも職場環境配慮義務の履行

　では、上司は、ハラスメントの相談を受けた場合に、会社が負う職場環境配慮義務の履行として、どのようなことをすべきでしょうか。

　一つの方法として、相談者に相談窓口の利用を勧めることが挙げられます。より利害関係ない中立の立場で相談を聞くことができる窓口に委ねるということです。

　ただ、相談者に「相談窓口に相談して」と伝えるだけでは、職場環境配慮義務の履行としては不足する場合もあります。相談を持ち掛けられたのに、たらい回しにして、

放置したと批判されないためには、相談者に、その後、相談をしたのか、進捗状況はどうか等の確認の声掛けをし、問題解決のための支援はいとわないと伝えておくことは必要でしょう。

4　上司が関係の仲裁をできる場合もある

　ただし、筆者としては、あらゆるハラスメント相談について、相談窓口に委ねるべきとも考えていません。

　上司が、自らも現場にいた際のやりとりや、自らも受信したメールのやり取り等に関する相談であれば、事実認定のためのヒアリングを本格的に実施する必要はありません。また、相談にかかるハラスメントの程度も、ちょっとした意思疎通の齟齬から、雇用管理上の措置義務の対象となるハラスメント、明らかな不法行為となるハラスメント等、様々です。

　ヒアリングをせずとも事実関係を上司が把握できている場合や、ハラスメントの態様や被害の程度が重大でない場合等は、上司がハラスメント行為者に注意喚起をしたり、相談者に対処法をアドバイスしたりすることにより、仲裁や解決ができることもあると考えます。

　したがって、相談を受けた上司としては、最初から相談窓口を紹介するのではなく、まずは、相談者の困りごとに耳を傾ける時間をとるのがよいでしょう。これを、自ら仲裁に入る等で解決できるのか、相談窓口等の対応部署にゆだねるべきかについては、人事部等の対応部署と協議するのがよいと考えます。相談者から「誰にも言わないで」と口止めされている場合であっても、相談者が誰であるかを明らかにしない形で、守秘義務を負う対応部署と協議することも可能であると考えます。

〔大浦綾子〕

別の視点から　　上司として気をつけるべきところ

　ハラスメントの相談を受けた上司としての初期対応の注意点のポイントは、以下のとおりであると考えます。

①　勝手に結論を決めつけてハラスメント認定の有無を言わない
②　自分だけで解決しようとしない
③　秘密を厳守すること
④　ハラスメント相談窓口を案内すること
⑤　不利益な取扱いはしないこと

　特に責任感の強い上司がやってしまいがちなこととして、自分で解決したいがあまり

に、ハラスメントの被害申告者に対し、「そんなことくらい我慢しなさい。なんでもハラスメントなんて言うんじゃない。」と言ったり（措置義務違反）、ハラスメント行為者に対し、「○○さん（部下）にこんなことを言ったらしいな。」等と直接言いに言ってしまったり（措置義務違反ないし守秘義務違反）することがあります。このように、かえって紛争を拡大させることになりかねない行動をとることのないように注意しましょう。ハラスメントの相談は慎重に取り扱うように研修等で注意喚起をしておくとよいでしょう。

〔山浦美紀〕

【10】　同じ従業員からハラスメント相談が繰り返されており、内容は同じだが、調査を行わなければならない！？

　ハラスメント相談窓口への相談を繰り返す従業員がいるが、いずれも、上司の適正な注意指導に対する不満を述べる内容であった。調査も行った結果、いずれもパワハラではないと判定された。今後、同従業員からの同様の相談は受け付けない扱いをすることはできないのか。

POINT	・ハラスメント関係指針上、会社にはハラスメントに該当するか否か微妙な場合にも相談対応をすべき義務がある。

誤認例	会社はハラスメントに該当するか否か微妙な場合についても相談対応をすべきである以上、繰り返される同様の相談であっても相談を受け付けて、調査を進めるべきである。

本当は	ハラスメント関係指針上は、会社は、ハラスメントにかかる相談申し出があった場合に限り、事実関係の確認及び適正な対処をすべきとされている。また、事実確認にあたり相手方のヒアリングを必須とはしていないことから、会社は、ハラスメントに該当しない案件についてまで相手方のヒアリングをすべき義務は負っていない。ヒアリング対応を強いられる相手方にも配慮の上で、調査をしないとか、簡易な調査にとどめることも検討すべきである。

解　説

1　ハラスメント関連法上の措置義務の内容

（1）　相談対応段階について

　パワハラ指針（セクハラ指針、マタハラ指針、両立指針にも同旨）によれば、会社は、相談に応じ、適切に対応するために必要な体制の整備を義務付けられています。そして、会社に設置された相談窓口の担当者としては「職場におけるパワーハラスメントに該当するか否か微妙な場合であっても、広く相談に対応し、適切な対応を行う

ようにすること」が要請されています。

　したがって、本設例のように、パワハラではない上司の言動について相談を繰り返している、というだけの理由で、相談対応を一切しないという対応では、措置義務違反とされるおそれがあります。

（2）　事実関係の調査の要否について

　これに対し、およそ労働施策総合推進法上のパワハラの要件を満たさない相談案件については、会社が事実関係の確認のための措置を講じなかったとしても、措置義務違反とはならない、というのが筆者の見解です。その根拠としては、パワハラ指針が「事業主は、職場におけるパワーハラスメントに係る相談の申出があった場合において、その事案に係る事実関係の迅速かつ正確な確認及び適正な対処として、次の措置を講じなければならない。」としており、パワハラ該当性が微妙な案件は、事実関係の正確な確認以後の手続を進めるべき案件から外されていると解釈できることにあります。

　したがって、例えば、相談内容が全て事実であったと仮定しても、およそパワハラの要件を満たさないことが明白な案件については、社内調査に着手せずとも、措置義務違反とはならないと考えます。

（3）　事実関係の調査方法について

　さらに、会社が調査を実施するとしても、全件について、相手方ヒアリングをすることが必須ではないと考えます。

　この点、パワハラ指針は、「（事案にかかる事実関係を迅速かつ正確に確認していると認められる例）」として、「①　相談窓口の担当者、人事部門又は専門の委員会等が、相談者及び行為者の双方から事実関係を確認すること。」と規定していますが、これは、下線を付した部分にある通り、措置義務の履行方法の「一例」にすぎないのです。

　したがって、行政解釈上も、調査にあたって、相手方ヒアリングが必須であるとはされていません。

2　全ての相談案件について綿密な調査を行うことによる職場への悪影響

　およそパワハラに該当し得ない案件も含めて全件の相談について調査をするという姿勢は、一見丁寧なようにも見えますが、以下のような悪影響は大きく、これに悩まされている会社も多くあります。

　一つ目の悪影響は、相談窓口や調査業務を担当する部署・担当者への過大な負担です。いかに調査をしても、パワハラ該当性が認められないとわかっている案件について、相談者と相手方から事実関係のヒアリングをすることは不毛と言わざるを得ません。

　二つ目の悪影響は、相手方に対する萎縮効果です。相談者に注意指導や業務指示をするたびに、相談窓口に駆け込まれ、ヒアリングを受けるということになれば、その対応に時間をとられる煩わしさや、処罰されるかもしれないという不安から、上司である相手方が萎縮してしまい、相談者に対する注意指導等をできなくなる心配があります。これにより、相談者の問題行動が放置され、増悪していく危険すらあります。

3　実務対応

　このような悪影響を断ち切るため、会社としては、ハラスメント調査手続を見直し、およそ調査を要しない案件については、簡易に処理する運用を進めていくべきです。

（1）　ハラスメント調査手続の見直し

　まずは、各社のハラスメント調査手続に関する規程を見直します。

　具体的には、各社の社内規程を確認し、「相談のあった全件について相手方ヒアリングを実施する」、「相談のあった全件について調査委員を選定し調査委員会を設置する」、「相談のあった全件について懲戒委員会を招集をする」と解釈し得る規定があれば、その改訂が必要です。

　相談案件ごとの軽重や複雑さに応じ、会社が、相手方ヒアリングの要否、調査委員会設置の要否や、懲戒委員会招集の要否を決定できる制度としておくべきです。

　規定例としては、

「人事部長は、事実調査を実施する。事実調査に当たっては、必要に応じて相手方、相談者、上司その他の従業員等に事実関係を聴取し、関係する資料の提出を求める」

「人事部長は、その判断により調査委員会を設置することもできる」

といったものが考えられます。

（2）　初回相談は予定した時間内で実施する

　同じ上司を相手方として繰り返される相談であっても、ハラスメント等の端緒の情報となる可能性はありますし、相談窓口を一切閉ざしてしまうことは、措置義務の不履行と言われかねない面もありますので、いったんは、相談を聴く必要があると考えます。

　その場合、予め相談聴取時間を決めておくことをお勧めします。この点、厚生労働省は、「パワーハラスメント対策導入マニュアル（第4版）」で、1回の相談時間は「長くても50分程度」としていることが参考になります。

　相談担当者の姿勢としては、通常の相談の場合と同様に、同マニュアルに記載されているような「相談者の話を傾聴する姿勢が大切であることを認識し、詰問にならないように注意する」といったことを心掛けます。

（3）　事実調査について

　問題は、どのような場合に、事実調査を簡略化できるかです。

　検討すべき点は、相談者ヒアリングのみから、パワハラの3要素のうち「業務上必要かつ相当な範囲を超えた」というものが充足されるか否かを判断できるか、ということです。

　この点、パワハラ指針は、当該要素を満たすかの「判断に当たっては、様々な要素（当該言動の目的、当該言動を受けた労働者の問題行動の有無や内容・程度を含む当該言動が行われた経緯や状況、業種・業態、業務の内容・性質、当該言動の態様・頻度・継続性、労働者の属性や心身の状況、行為者との関係性等）を総合的に考慮することが適当である。また、その際には、個別の事案における労働者の行動が問題となる場合は、その内容・程度とそれに対する指導の態様等の相対的な関係性が重要な要素となることについても留意が必要である。」としています。

　相談者から同種の相談が繰り返されている場合には、筆者が付した下線部のような事情は、過去の相談事案の調査結果により会社が把握できていることも多いと思われます。その場合には、相談者の相談にかかる事実関係が全て真実であるとしても、「業務上必要かつ相当な範囲を超えた」との要件は満たさず、パワハラに該当しないとの判断をなし得ると考えます。

〔大浦綾子〕

別の視点から　上司に対する報復目的のハラスメント相談への対応

　上司から部下に対する注意指導に対し、部下が上司に報復するために、事実に反するような内容のハラスメント相談をした場合には、どのように対応したらよいでしょうか。

　そういった場合に備えて、ハラスメント相談に関し、「ハラスメントの被害申告者は、その内容が事実に反することを知りながら行う等、不当な目的をもってする相談を行ってはならない」等と規定し、そもそも、ハラスメント相談として受け付けないという厳正な対応をするという方針を明示しておくことも考えられます。

　ただ、「相談内容が事実に反することを知りながら」とか「不当な目的」があるといったことが相談の当初から明らかになるケースは珍しいと思われます。

　したがって、報復目的の有無が明らかではない濫用事案については、上記の解説で紹介したように、人事部長等会社の判断で事実調査をどこまで行うかを決定できる旨の規定を利用するのがベターです。

〔山浦美紀〕

【11】　嫌悪感を抱いているだけの場合はハラスメントとして対処しなくてよい！？

　相談者からハラスメント相談を聴くと、ハラスメントをしたとされる行為者の言動に対し個人的な嫌悪感を抱いているだけで、法令や就業規則の定義に照らすとハラスメントに該当するような行為ではないと思えた。その場合、ハラスメントではないと判断して、調査など何ら対応しなくてもよいか。

POINT	・ハラスメント関係指針において、ハラスメントに該当するか否か微妙な場合であっても、広く相談に対応をし、適切な対応をするという措置が会社に義務付けられている。

誤認例	ハラスメントに該当しない単なる嫌悪感に関する相談は、個人の感覚なので、ハラスメント相談として受け付けなくてよい。

本当は	相談者が単なる嫌悪感を抱いているだけの場合であっても、ハラスメントに該当するか否か微妙なケースであるため、広く相談に応じ、適切な対応をすべきである。単なる嫌悪感にすぎない相談を繰り返し行う場合には、社内規定に手続打ち切りに関する規定があれば、それに従う。

解　説

1　ハラスメントか否かにこだわらない相談対応

　ハラスメント関係指針には、法令上の措置義務として、各ハラスメントに該当するか否か微妙な場合であっても、広く相談に対応をし、適切な対応をするという措置が会社に義務付けられています。

　パワハラを例にとると、パワハラ運用通達ではさらに、パワハラ指針4(2)ロの「広く相談に対応し」とは、職場におけるパワーハラスメントを未然に防止する観点から、相談の対象として、「パワーハラスメントに該当するか否か微妙な場合も幅広く含めることを意味するもの」であること、例えば、「放置すれば相談者が業務に専念できな

いなど就業環境を害するおそれがある場合又は労働者同士のコミュニケーションの希薄化などの職場環境の問題が原因や背景となってパワーハラスメントが生じるおそれがある場合・・・等」も幅広く相談の対象とすることが必要であることが記載されています。

　法令や就業規則の定義に照らすとハラスメントに該当するような行為ではない場合であっても、相談者がハラスメントをしたとされる行為者の言動に嫌悪感を抱いているだけのケースでは、ハラスメントに該当するか否か微妙であるといえます。このような「微妙」なケースであっても相談に応じる義務はあります。

2　安全配慮義務履行の観点

　措置義務の対象となるハラスメントに該当しないとしても、会社の従業員に対する安全配慮義務の履行の観点から、会社が環境の調整や配置転換等の対応を検討すべき場合があります。

　この点、安全配慮義務履行について、参考となる重要な裁判例があります。それは、ゆうちょ銀行（パワハラ自殺）事件（徳島地判平30・7・9労判1194・49）です。この事案では、部下に対する上司らの叱責行為自体は、業務上の指導の範囲を逸脱しておらず、違法であったとは認められなかったのですが、以下のような事情があったことから、会社の安全配慮義務違反が認められました。

　具体的には、上司である管理職らが、部下が別の上司らから日常的な叱責を受け続けていたことを認識し、部下が継続的に異動を希望し続けていたこと、部下の体重が2年間で約15kgも減少するほど体調不良の状態であることは明らかであったうえ、死にたがっているなどと知らされてもいたが、会社は、執務状態を改善し、心身に過度の負担が生じないように異動も含めてその対応を検討すべきであったところ、一時期担当業務を軽減したのみで、その他には何らの対応もしなかったことから、会社の安全配慮義務違反が認められました。

　この事案からは、ハラスメントの事実が認められないとしても、会社の従業員に対する安全配慮義務の観点から、執務状態の改善や異動を検討すべき場合がありうることが示唆されています。

　したがって、「ハラスメントに該当するか否か」のみを基準として会社が対応していると、足をすくわれることもありますので、安全配慮義務を履行しているか否かの観点からの検討も忘れないようにしましょう。

3　相談の打ち切りは可能か

　本設例とは異なりますが、相談内容を聞いてみると、ハラスメントをしたと主張されている行為者である上司よりも、相談者自身の行動に問題があり、単に上司からの叱責を止めてもらいたいがために、ハラスメント相談をしたのではないかと疑われるケースもあるでしょう。そのような場合には、相談者に注意指導をし、相談を打ち切ってもかまわないでしょうか。

　このようなケースは、特にパワハラの相談では起こりうるものであって、相談を受けた側も、「パワハラではない」という第一印象を抱きがちです。

　とはいえ、問題社員に対する上司の叱責が、「アホ」「ボケ」等の人格非難の言葉を用いていたり、多数の面前で見せしめのように叱責したりと、その態様が問題となることもあります。したがって、即座に相談を打ち切るのは間違いです。

　まずは、相談者の相談内容を丁寧に聴取し、それがハラスメント調査を開始する程度のものであるのかについては、社内のハラスメント規程に沿って検討します。上司から、単に、注意指導を受けただけであるのに、それをことさらにハラスメントであるとして、同内容のハラスメント相談を繰り返す場合も考えられるでしょう。この場合には、社内のハラスメント規程に、「同内容の相談がなされた場合の処理」に関する手続の打ち切り規定（例：「同内容のハラスメント相談が繰り返しなされた場合には、調査を開始しないことができる。」といった規定）があれば、それに従います。そのような規定がない場合には、原則どおりの処理をすることになります。

　相談者の問題行動については、このハラスメント調査とは別途の問題として切り分けて、別の機会を設けて、上司からの注意指導をしたり、必要であれば、別の手続として、懲戒手続をとることを検討しましょう。

　そうしておかないと、ハラスメントを相談したことを理由として相談者の従業員に配置転換や降格等の不利益変更を科したことが、違法・無効である（雇均11②・11の3②・17②・18②、育児介護25②・52の4②・52の5②、労働施策推進30の2②・30の5②・30の6②）として、後に争いが残ることになります。

〔山浦美紀〕

　別の視点から　　ハラスメントに該当するかどうか微妙な場合の解決方法

　ハラスメントに該当するかどうか微妙な言動についても、黙認される状態が続くよりは、ハラスメント相談窓口に持ち込まれる方が、会社にとっては、望ましいことといえるでしょう。

　もっとも、そのような微妙といえるような言動については、相談窓口に持ち込むまで

　もなく、その場で、上司や同僚が、「今の言い方はちょっときつかったんじゃないか」、とか、「それは、セクハラと受け取る人がいるかもよ」といった声掛けをすることによって、行為者が気づいて改めるということができる職場が最も健全であり、目指すべきところであると考えます。

　ハラスメント防止研修では、ハラスメントに当たりそうな言動を見た周囲の者が、傍観者とならず、それを抑止したり、言動を受けた側を支援する行動をとったりする方法についても、解説をしたり検討したりする機会をとりたいものです。

〔大浦綾子〕

【12】　取引先からのセクハラには効果的な対策が難しい！？

　当社の女性社員から、重要な取引先の接待中に、取引先の出席者からセクハラを受けたとの相談があった。重要な取引先であり、今後の取引に支障をきたしたくないため、なるべく事を荒立てたくないのだが、どのように対応すればよいか。

POINT	・取引先などの外部の事業主や労働者からのセクハラも、措置義務の対象とされている。

誤認例	外部からのセクハラに対応すべきといっても、実際上、取引先との関係で、取りうる手段もないので、女性社員の相談を聴いた上で、以後は女性社員ができるだけ単独で対応しないようにする、といった社内でできる自衛策をとることしかできない。

本当は	まず、当該女性社員から事情を聴取し、担当から外す等の措置を講ずるべきである。必要に応じて、取引先にも事実確認への協力を求めたり、再発防止に向けた措置への協力を求めるべきである。

解　説

1　外部からのセクハラ

　外部からのセクハラについては、措置義務の対象となっています。セクハラ指針には、セクハラ言動を行う者には、「取引先等の他の事業主又はその雇用する労働者」が含まれることが明記されています。したがって、重要な取引先からのセクハラだからといって、事を荒立てないために、何らの措置も取らないということは許されません。

（1）　初期対応

　まずは、被害にあった女性社員を当該取引先の担当から外す、外せない場合には、複数人で担当するというように孤立させないようにしましょう。また、被害にあった女性社員からどのようなことがあったのか事情聴取もきちんと実施し、メンタルケアに努めましょう。

（2）　取引先への協力要請

　セクハラ指針において、外部からのセクハラへの事後対応として、次の２つの内容が記載されています。

「必要に応じて、他の事業主に事実確認への協力を求めることも含まれる。」

「必要に応じて、他の事業主に再発防止に向けた措置への協力を求めることも含まれる。」

　そして、このような協力の求めを受けた側の会社は、これに応じるようにする努力義務があります（雇均11③）。

　したがって、被害を受けた女性社員の雇用主としては、取引先に対し、「当社の女性社員が接待中に御社の社員からセクハラを受けたとの被害申告がありました。当社で調査するので協力してください。」と必要に応じて協力を求めることになります。

　なお、セクハラ指針には、このような協力を求められたことを理由として、取引である契約を解除する等の不利益な取扱いを行うことは望ましくないものであるとの言及もあります。

２　調査の進め方

　調査の協力の求めを受けた会社としては、協力依頼に応ずるべき努力義務を負っていますし、加えて、使用者責任（民715）を追及されるべき立場にありますので、自社の社員（ハラスメント行為者）に取引先からのヒアリングに応ずるよう業務命令をなす、自社の社員を取引先の担当から外す等の事後対応に協力すべきです。

　男女雇用機会均等法11条３項の文言からすれば、「調査に協力する努力義務」という従属的な意味合いに捉えられがちですが、協力を求められた会社も主体的に調査に関与すべきと考えます。仮に、セクハラの事実があった場合は、自社も使用者責任を問われる立場にもあるからです。また、ハラスメント行為が認められた場合、自社の社員（ハラスメント行為者）に対し、懲戒処分を検討する必要もあります。

　調査の進め方については、両社が協同して、中立の立場の外部の専門家（弁護士や社会保険労務士）で構成する調査委員会を立ち上げて進め、費用を折半するといった方法が考えられます。一方の会社が主体的に調査をした場合には、結果に不服が残るおそれもありますのでなるべく中立的な方法で進めるのがよいでしょう。

〔山浦美紀〕

別の視点から	何より社員が大切

　筆者の経験で、ある会社の役員が、「セクハラに抗議をして、取引先が当社に嫌がらせをしてくるようなことがあれば、そのような取引先は当社から契約を切る。」と言われていたことがありました。

　重要な取引先を前にすると、強い態度に出られない心境は理解できますが、セクハラの再発防止の申し入れ（その前段階の調査協力への申し入れ）に対して、理由もなく拒否するような取引先との関係性を優先するために、大切な社員をないがしろにすることなどできない、ということも、経営者としての率直な心境だと思います。是非、その心境に立ち返ってみてください。

　直接対峙しにくい場合は、外部の専門家に対応を相談することをお勧めします。

〔大浦綾子〕

【13】 部下がトランスジェンダーであることを人事部に伝達するとアウティングになる！？

　部下からハラスメント相談を受けた際、部下自身がトランスジェンダーであるとの告白も受けた。自分では解決方針が分からないため、トランスジェンダーであることも含め人事部に相談をしようと思うが、これがアウティングに当たってしまうのか心配で対応方針がわからない。どうしたらよいか。

POINT	・パワハラの6類型の1つの「個の侵害（私的なことに過度に立ち入ること）」の該当例として、「労働者の性自認について、了解を得ずに他の労働者に暴露すること」が挙げられている。他方、非該当例として、「労働者の了解を得て、性自認について、必要な範囲で人事労務部門の担当者に伝達し、配慮を促すこと」が挙げられている。

誤認例	トランスジェンダーに関する情報を含むハラスメント相談は、性自認に関する機微な情報を含むため、人事部等に伝達するとパワハラの「個の侵害」に当たることから、他に引き継ぐことはできない。

本当は	トランスジェンダーに関する情報を含むハラスメント相談を受けた場合に、そのことを必要な範囲で人事部等に伝達する際には、相談者の了解を得ておれば、「個の侵害」には当たらないため、相談者の了解が得られる方策を検討し、ハラスメント相談として対応すべきである。

解　説

1　トランスジェンダーであるという情報の取扱い

（1）　パワハラ指針（6類型）

　パワハラ指針に掲げられているパワハラの6類型のうちの1つに、「個の侵害（私的なことに過度に立ち入ること）」があります。その「該当すると考えられる例」として、「労働者の性的指向・性自認や病歴、不妊治療等の機微な個人情報について、当該労働者の了解を得ずに他の労働者に暴露すること」が挙げられています。これはいわゆ

る「アウティング」行為と呼ばれるものです。

　他方、「該当しないと考えられる例」として、「労働者の了解を得て、当該労働者の性的指向・性自認や病歴、不妊治療等の機微な個人情報について、必要な範囲で人事労務部門の担当者に伝達し、配慮を促すこと」が挙げられています。

　このように、該当例と非該当例の違いは、「労働者の了解を得て」「必要な範囲で伝達し、配慮を促すこと」という点にあります。

（２）　トランスジェンダーであるとの情報を知った場合

　本設例で、ハラスメント相談の中で、相談者がトランスジェンダーであるとの情報を知った場合、これを相談者の了解を得ずに、人事部等に伝えることは、アウティング行為に該当するおそれがあります。

　トランスジェンダーであるという機微な情報を知った場合は、必ず、相談者に対し、「ハラスメント相談に対処するにあたっては、あなたがトランスジェンダーであるという情報をハラスメント事案の対応にあたる部署に伝達する必要があるので、その点は了解してほしい」と伝え、人事部等に伝達することについて了解を得ておきましょう。

　ただし、相談者に了解を得たからといって、人事部等に伝達する以外に、不用意に相談者がトランスジェンダーであるという情報を第三者に伝えることは、アウティングに該当するので、そのようなことをしないように情報管理にはくれぐれも留意しましょう。

２　トランスジェンダーに関するハラスメント

（１）　トランスジェンダーに関するハラスメント法制の動向

　アウティングだけではなく、トランスジェンダーの社員に対する性的言動はセクハラに該当し、差別的言動はパワハラに該当します。

　まず、ハラスメントの被害者がトランスジェンダーの従業員である場合も、その意に反する性的言動はセクハラに該当します。平成29年１月１日に施行されたセクハラ指針の改正（平成28年厚労省告示314号）においては、「被害者の性的指向又は性自認にかかわらず、当該者に対する職場におけるセクシュアルハラスメントも本指針の対象となる」とされています。

　また、パワハラ指針に掲げられているパワハラの６類型のうちの１つに、「脅迫・名誉棄損・侮辱・ひどい暴言（精神的な攻撃）」があります。この中の「該当すると考えられる例」の１つに、「人格を否定するような言動を行うこと。相手の性的指向・性自認に関する侮辱的な言動を行うこと」が挙げられています。

　したがって、ハラスメント相談において、トランスジェンダーに関する侮辱的な言動が含まれていた場合には、パワハラ該当性の検討をしなければなりません。

（2）　トランスジェンダーに関する判例・裁判例

　トランスジェンダーに関する裁判例でもっとも著名なものは、国・人事院（経産省職員）事件（最判令5・7・11裁時1819・1）です。性同一性障害の診断を受け、女性としての私生活を送っていた戸籍上は男性の職員が、女性職員から明示の異議が述べられたことがなく、トラブルもないにもかかわらず、自己の勤務する階とその上下の階の3階分の女性トイレの使用を4年10か月もの間、制限されたことが、違法であると判断された事案です。トイレの使用制限以外にも、上司が当該職員に対して、「なかなか手術を受けないんだったら、もう男に戻ってはどうか」と発言したことについても、違法性が認められ、慰謝料10万円の支払いが認容されました（国・人事院（経産省職員）事件＝東京高判令3・5・27労判1254・5）。この事案では、当該職員が性同一性障害であることにつき、同職員の了承の上、職場内での説明会が開かれています。かかる説明会については、トランスジェンダーの従業員のプライバシー保護の観点から必須の手続ではないと考えます。ましてや、トランスジェンダーの従業員が拒んでいるにもかかわらず、職場内の説明会で、自らがトランスジェンダーであることの説明を強いることは避けるべきです。

　戸籍上男性である性同一性障害の従業員について、出版社S社は業務命令として女性の容姿での就労を禁止する等した上、服務命令違反で懲戒解雇したところ、その懲戒解雇が無効であると判断された事例（S社（性同一性障害者解雇）事件＝東京地決平14・6・20労判830・13）もあります。決定では、当該従業員は「女性としての行動を抑圧されると、多大な精神的苦痛を被る状態にあった」とした上で、社員が抱いた違和感や嫌悪感は時間の経過も相まって緩和される余地があり、取引先や顧客が抱く違和感や嫌悪感については、業務遂行上著しい支障をきたすおそれがあると認めるに足る的確な疎明はないと判断されました。

　トランスジェンダーの従業員の就業環境に関する裁判例は、昨今、このほかにも出てきています。Y交通事件（大阪地決令2・7・20労経速2431・9）は、性同一性障害のタクシー乗務員（生物学的性別は男性だが、性自認は女性）が、化粧をして乗務していることについて、乗客に違和感や不安感を与えることから、会社がタクシーに乗務させないという就労拒否をした事案です。タクシー会社には、「身だしなみ規定」が置かれており、それ自体は、目的が正当であるとされましたが、男性の化粧の程度が他の女性乗務員と同程度かを問題とすることなく、化粧をして乗務することを拒否したことについて必要性・合理性が認められないと判断され、就労拒否の正当性が否定され

ました。

　トランスジェンダーに関するハラスメント相談にあたっては、相談者のプライバシー保護に十分留意するとともに、そのハラスメントの内容についても、ハラスメント関係指針や裁判例を参考として、ハラスメント該当性を慎重に判断することが必要です。

〔山浦美紀〕

| 別の視点から | 当事者が「トランスジェンダー」であるという情報は、どこまで必要か |

　筆者は、相談者がトランスジェンダーであるという案件であっても、その事情を、必ずしも、ヒアリングの過程で相手方に開示すべきとは考えません。なぜなら、職場での性的言動は、どのような性別の者に対してなされても、セクハラとして不適切であり、また、性差別的言動はパワハラに該当します。殊更に相談者の性自認を相手方に伝えなくとも、注意喚起をすることが可能な場合も多いためです。

　相談者が、当初から、相手方に性自認を知らせ、理解を得たいということであればともかく、職場でのカミングアウトに消極的である場合には、相談窓口担当者から、問題解決のために性自認の開示が不可欠であるといった働きかけをすることには慎重であるべきと考えます。

〔大浦綾子〕

【14】　いわゆる「交際型セクハラ」は、職場におけるセクハラではないため、会社が介入すべきではない！？

　社内のハラスメント相談窓口に、セクハラに関する相談があったが、相談者と相手方とは交際関係にあったようである。当事者が交際関係にあったような場合、会社はどう対応したらよいか。

POINT	・環境型セクハラとは、職場において行われる性的な言動により労働者の就業環境が害されるものをいう。

誤認例	プライベートでの交際関係上のトラブルであれば、「職場」での性的言動ではないし、また、相談者の「就業環境が害される」ということでもなく、職場におけるセクハラに該当しないため、会社が介入すべきではない。

本当は	ハラスメント行為者や周囲が、プライベートな交際関係にあると思っている間柄であっても、内情は被害者がハラスメント行為者のセクハラ行為に迎合しているという可能性も考慮すべきである。会社としては、相談者の意向に応じて、ハラスメント調査を実施すべきであり、それが、私生活への過度な介入となることはない。

解　説

1　「交際型セクハラ」についての裁判例

　一見、交際関係にあるように見える間柄でも、セクハラが成立する余地はあります。会社の相談窓口にセクハラの相談が寄せられた際に、相談窓口担当者が、当事者が交際関係にあったのではないかという印象を持つ場合は少なからずあり、筆者も実務上、しばしば相談を受ける類の案件です。法律上の言葉ではありませんが、これを「交際型セクハラ」といいます。

　例えば、X社事件（東京地判平24・6・13労経速2153・3）では、社会経験もそれなりにある昭和44年生まれの女性従業員に対し、既婚の上司が関係を迫り、8か月間の性的

関係を含む2年間の男女関係があったことについて、セクハラと認定されています。

　この裁判で、上司側は、部下（女性従業員）が誘いを拒否しなかったことをもって、合意の上で性的関係をもったと主張をしましたが、これが排斥されています。

　裁判所は、この主張を排斥するにあたり、一般論として「セクハラとは、相手方の意に反した性的な性質の言動を行い、それに対する対応によって仕事を遂行する上で、一定の不利益を与えたり、またこれを繰り返すことによって就業環境を著しく悪化させることであり、職場における上司と部下などの上下関係、優劣関係を背景に、圧倒的な力の差を利用し、隠微かつ狡猾な手段で脅迫・強制が行われること、被害者は職場の上司である加害者を怒らせないようにして自分を守ろうとする無意識の防衛本能が働くため、加害者に逆らうことができず、喜んで従って見えることがあるから、一見して性行為の強要があることがわかりにくいとされている。」と判示しています。

2　被害者からハラスメント行為者への迎合的な言動についての行政解釈

　また、男女雇用機会均等法施行通達第3・1（3）ハ③においても、ハラスメントの事実関係を確認するにあたっては、「相談者が行為者に対して迎合的な言動を行っていたとしても、その事実が必ずしもセクシュアルハラスメントを受けたことを単純に否定する理由にはならないことに留意すること。」との注意喚起がされています。

　ハラスメント行為者や第三者が、相談者とハラスメント行為者がプライベートで交際関係にあるとみていても、その実は、相談者がハラスメント行為者のセクハラ行為に対して迎合的な言動をとり続けていたにすぎないと評価すべき場合もあり得ると考えるべきです。

3　相談受付・聴取段階での留意点

　相談窓口が、受付や相談聴取の段階で、相談者と相手方にプライベートでの交際関係があることが窺える情報に接した場合、どのように対応すべきでしょうか。例えば、相談窓口の担当者が、もともと二人が男女交際をしているという噂を知っていた場合や、話を聴いていくと相談者と相手方が就業時間外に面会して性的言動がなされていることが判明した場合等です。

　相談窓口の担当者は、プライベートでの交際関係のもつれを会社に持ち込まれても困る、会社として介入することはできない、と考えてしまいがちですが、ここでは、上記1及び2のとおり、セクハラ被害者がセクハラ行為者に迎合的な言動をとってしまうことが十分にあり得ること、迎合的な言動があったとしてもセクハラが否定されるものではないことを重視し、まずは、相談内容を傾聴することに徹します。相談窓

口担当者の心構えとしては、相談者が会社の相談窓口を頼ってきた以上は、たとえ私生活上のトラブルが混在しているとしても、会社が何らかの手助けをできないものか探りたい、といったスタンスがよいでしょう。

　一通りの聴取が済めば、相談者の意向確認を行います。具体的には、会社が準備している解決のプロセスを示し、会社による調査を望むかを確認します。「交際型セクハラ」の調査にあたっては、相手方のヒアリングは必須であり、相談者が会社にどのような内容を相談したかを相手方に詳細に伝えることになるでしょうから、その点についても相談者の意向を慎重に確認します。

4　事実調査段階での留意点

　相談者から、調査を進めることについて了解を得たとして、相談者や相手方ヒアリングにあたっては、どのような点に留意すべきでしょうか。

　「交際型セクハラ」では、調査対象が、職場外かつ就業時間外の性的言動に及ぶことが多いため、関係者へのヒアリングが、会社による私生活への過度な介入にならないものか、躊躇が出てきます。

　この点、ある性的言動が同意の上でなされたものか否かを判定するには、相手方と相談者の職場での関係性（上下関係があるのか等）、性的言動に至る経緯（どちらから誘ったのか、一方的で唐突か）や、性的言動の態様・内容を検討する必要があります。例えば、前掲X社事件では、裁判所は、「上司の地位と、女性社員の地位との差は歴然としていること」、「女性社員が、上司から指揮命令を受ける立場にあった」こと、食事やラブホテル等へ行ったのが「上司からの誘いによるもの」であったこと、両者が性行為に至る経緯が「上司からの働きかけから始まる一方的で唐突なもの」であったこと、「上司の女性社員に対する性的行為・言動の態様・内容は、通常の女性の感覚であれば到底受け入れがたいものも多い」等の事情を考慮して、合意の上での性的関係ではなかったと判断しています。

　したがって、相談者及び相手方に、性的言動に至る経緯や、性的言動の態様や内容を詳細に聴取することは、ハラスメント調査として不可欠であり、私生活への過度な介入とはみなされません。

　もっとも、ヒアリングを受ける側にとっては、プライバシーに関わる内容についての説明を求められることになりますから、調査担当者が、プライバシー保護対策（声が漏れない部屋でのヒアリング実施、聴取担当者の守秘義務の徹底、ヒアリング記録の非開示等）を徹底することが求められますし、プライバシー保護を徹底することを各当事者に説明して信頼を得ることも重要です。

5　事実認定及びハラスメント該当性の判断にあたっての留意点

　性的言動が認められるものの、被害者にハラスメント行為者に対する迎合的な言動が見られるケースにおいて、セクハラ該当性の有無を判断するにあたっては、前掲X社事件等や、横浜セクシュアルハラスメント事件（東京高判平9・11・20判タ1011・195）、P大学事件（大阪高判平24・2・28労判1048・63）、学校法人甲音楽大学事件（東京地判平23・7・28労経速2123・10）、熊本バドミントン協会役員事件（熊本地判平9・6・25判時1638・135）等が参考になります。

　また、筆者が特に重視している視点を2つ、述べておきます。

　まずは、行為者と被害者の関係性です。行為者が被害者に対する人事権をもっていたり人事評価者であったりすれば、被害者が性的言動に不本意であったとしても、明確に拒否できずに迎合する傾向は強まると言え、これはセクハラ該当性を肯定するファクターとなります。

　2点目は、行為者が、明示的に被害者の同意の有無を確認した上で、性的言動に及んでいるかです。よくある相談事例で、被害者は、行為者と二人で食事に出かけることは同意していたが、その機会に、身体を触られたり、キスをされたり、性交をしたり、といったことにまでは同意をしていなかった、というものがあります。行為者としては、被害者が食事の誘いに乗ってきたことにより、その後の性的言動についても同意があると誤解をしたのでしょうが、身体接触や性交といった行為は、食事を共にするということとは、まったく別個の性的言動ですから、個別に同意が必要と考えるべきでしょう。それを明確に得ていなかった以上、あとから「食事へ行く以外の性的言動には同意していなかった」と言われてしまえば、同意は無かったものとみなさざるを得ません。行為者が事前に了承を得たつもりであっても、優越的関係が背景にある状況で、食事に誘い、なし崩し的にその日のうちに性行為に及ぶといった経緯では、了承したことも迎合的な言動にすぎないと認定せざるを得ない場合が多いという実感です。

6　事後対応に当たっての留意点

　事実調査を経て、セクハラ該当性が認められれば、懲戒処分を含めた再発防止策を検討します。

　他方、セクハラ該当性が認められない場合であっても、相談者からの相談を受け付けて、相手方からも事情を聴いた以上は、双方への注意喚起や指導を行ったり、会社として仲違いの仲裁の場を持つこともあり得るでしょう。もっとも、プライベートでの交際関係の解消や回復を指示したり、そのための仲裁をすることは、行き過ぎです。

仲裁の目的は、あくまで、職場内で業務に必要なコミュニケーションをとれる関係性を再構築することに置くべきです。

〔大浦綾子〕

<table>
<tr><td>別の視点から</td><td>パワハラ事案における迎合的な言動</td></tr>
</table>

　本設例の事案は、セクハラの事案ですが、パワハラ運用通達第1・1（3）ハ③においても、セクハラと同様に、「ハラスメントの被害申告者が行為者に対して迎合的な言動を行っていたとしても、その事実が必ずしもパワーハラスメントを受けたことを単純に否定する理由にはならないことに留意すること。」との記述があります。

　上下関係がある場合には、面と向かって拒絶の意思を表示できないことが一般的ですので、部下が愛想笑いをしていたり、「部長ごもっともです」「どんなことでもやらせていただきます」「なんでもいうことをききます」などと迎合的な言動をしていたとしても、パワーハラスメントの認定を単純に否定してはいけません。

〔山浦美紀〕

【15】　ハラスメントの相談があったことを相手方に伝えないまま、再発防止などの対策はできる！？

　会社に相談が寄せられた際、相談者が、自分がハラスメント相談したことを相手方に知らせないでほしいとの要望に加え、さらなる被害防止の配慮を求めている。その場合、会社としてはどのように対応すべきか。

| POINT | ・ハラスメント調査を進めるにあたっては、相談者の意向を尊重するべきである。 |

| 誤認例 | ハラスメント行為者に、被害申告があった事実を知らせずに調査をすることは不可能であり、相談者が相手方に知らせることに納得しない限り、会社としては何らの対応もできないし、しなくてもやむを得ない。 |

| 本当は | 会社として、ハラスメントにより従業員の就業環境が害されている可能性があることを把握した以上、再発を防止すべき職場環境配慮義務を負う可能性もあるため、相談者が希望している情報源の秘匿は遵守しつつも、再発防止に努めるべきである。具体的には、ハラスメント防止を会社全般に改めて周知する方法や、相談者以外を情報源とする情報をもとに調査をすること、ハラスメント行為者に対する監督を強化すること等が考えられる。 |

解　説

1　相談者の意向の尊重

　会社は、ハラスメントに係る相談者の情報については、プライバシーに属するものとして保護する必要がありますから、相談を受けた窓口担当者等は、「相手方に相談があったことを伝えないでほしい」という相談者の意向を尊重しなければなりません。

　厚生労働省の「パワーハラスメント対策導入マニュアル（第4版）」には、次のような記載がなされています。

「・相談者が面談だけを希望する場合は、一次対応で対応が終了します」

「・相談者の了解を得た上で、行為者や第三者に事実確認を行いましょう」

　この記載に従えば、相談者の了解が得られない場合には、行為者や第三者の事実確認を行わない、ということになります。

　また、「公益通報者保護法に基づく指針（令和３年内閣府告示第118号）の解説」（令和３年10月　消費者庁）にも、ハラスメントにかかる通報について、「特に、ハラスメント事案等で被害者と公益通報者が同一の事案においては、公益通報者を特定させる事項を共有する際に、被害者の心情にも配慮しつつ、例えば、書面による等、同意の有無について誤解のないよう、当該公益通報者から同意を得ることが望ましい。」という記載があります。誰が通報者であるかを、どの範囲で知らせてよいかについて、通報者の同意を慎重に得ることが望ましいということです。

２　ハラスメント事案の可能性を把握した会社の職場環境配慮義務

　他方で、相談を契機としてハラスメント事案の可能性を把握した会社としては、雇用契約上の付随義務としての職場環境配慮義務の履行をすべき立場に置かれる場合もあると考えられますし、事実調査以外の事後対応をすべき措置義務を負う場合もあると考えられます。

３　実務上の対応

　それでは、実務上、会社はどのような対応をすべきでしょうか。

（１）　一般的な措置

　まず、誰かから相談があったということに言及せずに、全社向けのハラスメント防止研修や注意喚起で、一般的な啓発をするという取組は、いかなる場合でもできることですし、やることによるデメリットは考えにくいです。

　また、職場環境に関する全社アンケートを実施し、ハラスメントに関する実態調査をすることも有効です。これにより、特定のハラスメント言動を目撃した従業員から顕名での情報提供を受けることができれば、その者の協力のもとで、相談者を情報源としない形で、事実調査を開始できる場合もあります。

　アンケートを匿名とするか顕名とするかについては、率直な回答を得られる確率を上げるためには匿名が有効ですが、顕名にするか、匿名にするかを回答者が選べるような方法で実施するのもよいでしょう。

　また、紙のアンケート用紙よりも、パソコン、タブレットやスマートフォンから入力するアンケートフォームを利用する方が、回収率が上がり、自由記載入力が増える

という職場もありますので、その職場や場面に応じた方法を検討するとよいでしょう。

　研修やアンケートの実施理由の説明にあたっても、相談者を守るための工夫が可能です。「他社でのハラスメント事例の報道を受けて、わが社でもより防止意識を高めるため」、「法改正が施行されるタイミングで」等と全社向けに説明をすることが考えられます。

　相談者に対しては、研修やアンケートの実施に先立ち、これらの一般的な措置を講ずることを説明します。

（2）　会社として以後の監督を強めること

　ハラスメントの端緒をつかんだ会社としては、過去の言動の有無について調査をすることは控えるとしても、将来に向けて同様のハラスメントが継続しないように、相談者と相手方との関係性に対する監督を強めることはできますし、これが職場環境配慮義務の一内容となる場合もあると考えます。

　具体的なやり方としては、相手方の上司が、相手方の言動にこれまで以上に注意を払い、何らか問題のある言動（口頭やメール、チャットのやり取り、相談者と無用に二人きりになろうとする行動等）を現認した場合には、それを阻止したり、相手方に注意指導をするといった方法が考えられます。

〔大浦綾子〕

別の視点から　　研修の活用を

　被害申告があった案件の内容は、守秘を厳格にしなければなりません。したがって、安易に外部に漏洩しては決してならないものです。

　ただ、社内研修において、当該会社でよく起こりうるハラスメントとして、事案を抽象化し、想定しうるケースとして、研修材料として用い、将来に向けて同様のハラスメントが継続しないようにすることも、ハラスメントの措置義務履行の一貫となります。

　このような場合でも、事案の抽象化や一般化する際に、被害者のプライバシーを侵害しないように細心の注意を払いましょう。

〔山浦美紀〕

【16】　従業員の家族等からのハラスメント相談は受け付けなくて　よい！？

　従業員が病気である、死亡した等の理由で、従業員に代わって、その従業員の家族等からのハラスメントの相談があった。本人からの相談ではない場合にも、会社は対応すべきか。

POINT	・ハラスメント関係指針は、ハラスメント相談に応じ適切に対応するために必要な体制の整備を事業主に義務付けているが、この場合の相談は「労働者からの相談」に限定されている。

誤認例	会社のハラスメント相談窓口規程では、相談できるのは「従業員」に限定しているので、従業員の家族による相談は受け付けなくて構わない。

本当は	「労働者の相談」の方法として、「直接に」労働者自身が会社の窓口に相談しなければならないといった限定は付されていないことから、従業員が「他人を通じて」、会社の窓口に相談をした場合であっても、会社として、措置義務の履行をしなければならない場合はある。まずは、従業員本人に意向確認をした上で、本人も調査をすることに積極的であれば、調査を進めるべきである。

解　説

1　措置義務及び職場環境配慮義務との関係

　ハラスメント関係指針は、ハラスメント相談に応じ適切に対応するために必要な体制の整備を事業主に義務付けていますが、この場合の相談は「労働者からの相談」に限定されています（※）。もっとも、労働者の相談の方法として、「直接に」労働者自身が会社の窓口に相談しなければならないといった限定は付されていませんから、従業員が「他人を通じて」、会社の窓口に相談をした場合であっても、会社として、措置義務の履行をしなければならない場合はあると考えます。

　また、従業員以外からの申出が端緒であるとしても、会社がハラスメント発生のおそれを認識した以上は、何らかの対応をすべき職場環境配慮義務を負う場合もあり、これを怠れば、民事責任を免れません。

　したがって、社内規程（ハラスメント相談窓口規程等）で、社内の窓口に相談ができる者は従業員のみであり、直接に申出をすべき等と限定をしていたとしても、ただちに、家族等からの申出を不受理とするべきではありません。

　さらに、実務上も、従業員以外からであってもハラスメントの端緒を把握できたことは、再発防止や責任追及に備えるという観点から望ましいことだと肯定的にとらえることもできます。

※なお、パワハラ、セクハラ、妊娠・出産等ハラスメントに関しては、「事業主が自ら雇用する労働者以外に対する言動に関し行うことが望ましい取組の内容」として、社外の者からの相談があった場合には、社内の従業員から相談があった場合の「措置も参考にしつつ、必要に応じて適切な対応を行うように努めることが望ましい」とされています。これは、Ａ社の従業員が、従業員以外の者にハラスメントないしこれに類似する言動をした場合には、Ａ社は、従業員以外の者からの相談に応じる等の事後対応をすることが望ましいとするもので、本設例でとりあげるものとは別の論点です。

2　従業員本人の意向確認は必須

　家族等からの申出を門前払いすべきではありませんが、かといって、全ての申出に対して、事後対応をすべき、ということにはなりません。

　ハラスメント関連法上の措置義務により対応すべき対象は、従業員本人からの相談でありますし、措置義務履行にあたり、従業員のプライバシー保護が要請されます。また、調査においてヒアリングに対応するのも従業員本人です。したがって、あくまで、申出人は従業員本人であり、申出をした家族等は、従業員の申出を代理ないし代行した者、ととらえるべきです。

　そのため、家族等からの申出を受けたら、まずは、従業員本人に、会社に相談をする意向があるのかを確認をすることが必要です。

　意向確認の結果、従業員本人がハラスメント調査に消極的（例えば、そのような事実はないと否定する、会社に相談するつもりはないと述べる等）であれば、会社として、過去の事象について調査を進めることはしない、という判断になるでしょう。

3　従業員本人の意向確認ができない場合

　家族等からの申出に対し、ただちに従業員本人の意向確認ができない場合もあります。本人が病気で欠勤や休職している場合や、本人が死亡している場合です。

① 本人が病気で欠勤や休職している場合

　病気による欠勤や休職により、従業員本人に、相談をする意向の有無を確認できない状況であれば、本人の体調が回復するまでは、相談対応を開始することはできません。

② 本人が死亡している場合

　この場合は、本人が相談申出をしているのではなく、遺族等が申出をしていることになりますから、措置義務の履行の対象とはなりません。

　もっとも、例えば、遺族からの民事責任追及に備えた調査や、同種事案の再発防止のための調査が必要な場合もあるでしょう。そのような場合には、会社として調査をすることはできますし、するべきですから、遺族の意向に配慮しつつ、実施します。

4　調査の経過や結果を従業員以外の者に伝えるべきか

　従業員本人の意向確認をし、調査を開始することになった場合には、従業員本人に対して経過や結果等の情報提供をするのが基本です。ハラスメントの事実認定にあたっては、営業秘密にあたる情報、例えば行為者と被害者が従事していたプロジェクトの情報や取引先の情報等に触れることが避けられないこともあります。従業員の家族とはいえ、このような情報を社外の者に提供することには慎重を期すべきです。

　もっとも、従業員本人が、弁護士を代理人として選任している場合は、当該弁護士は、職業上の守秘義務を負っていますから、例外的に情報提供をしてもかまいません。

〔大浦綾子〕

【17】　会社に相談のないまま労災申請されたハラスメント事案については、社内調査をする必要はない！？

　従業員が、ハラスメント被害が原因であるとして、労災申請をしていると報告があった。もともと社内のハラスメント相談窓口への相談はなく、社内調査も求めないという姿勢なのだが、どのように対応すべきか。

| POINT | ・ハラスメント社内調査を進めるかについては、ハラスメント被害申告者の意向を尊重する。 |

| 誤認例 | 従業員が社内調査を求めない意向である以上、会社としてヒアリング等の調査をする必要はなく、労働基準監督署による判断を仰げばよい。 |

| 本当は | 労災申請をした従業員としては、一定の社内調査が行われることは容認していると考えられる。ハラスメントを原因とする労災認定がなされた後に、会社の安全配慮義務違反の損害賠償責任を追及されることも多くあるため、会社としては、労災認定手続において不当な事実認定がなされないように、労働基準監督署による調査に先行して、社内調査を進めておくべきである。 |

解　説

1　ハラスメントと労災認定

　労働基準監督署は「心理的負荷による精神障害の認定基準について」（令5・9・1基発0901第2）（以下「認定基準」といいます。）に基づき、精神障害の業務上外の判断を行っています。この認定基準によれば、従業員の精神疾患発症から遡って6か月以内の間に、認定基準に定められている程度のハラスメント被害を受けている事案では、業務上災害であるとして、労災認定がなされることがあります。

　例えば、うつ病を発症した従業員が、発症のおおむね6か月以内に「身体接触のない性的な発言のみのセクシュアルハラスメントであって、性的な発言が継続してなされ、会社に相談しても又は会社がセクシュアルハラスメントがあると把握していても

適切な対応がなく、改善がなされなかった」場合、つまり、心理的負荷の強度が「強」の出来事を経験している場合は、原則として、労災認定がなされることになります（ただし、業務以外での心理的負荷や個体側要因によりうつ病を発病したと認められる場合を除きます。）。

　したがって、労災給付請求書を受理した労働基準監督署は、当該職場において、ハラスメントがあったか否か、その内容がどのようなものであったのか（認定基準の心理的負荷「強」に該当するような内容か）を調査することになります。具体的には担当官が、会社に報告を求めたり、関係者にヒアリングを求めたり（実際に事業場へ立ち入ってヒアリングをしたりすることもあります。）、関係する物件の提出を確認したり、といったことを行います。このように、労働基準監督署は、会社が実施するハラスメント調査と類似のことを行うのです。

2　労災認定後に安全配慮義務が追及され肯定された裁判例

　このような調査を経て、労災認定されたとしても、ただちに、会社に民事上の責任が認められるわけではありません。民事責任が認められるためには、因果関係の他、安全配慮義務違反や不法行為の故意過失が認められる必要があります。

　しかし、実務上は、労災認定がなされた案件で、会社に対して民事責任を追及する訴訟が提起されることも多く、その訴訟において民事責任が認められる傾向があると言わざるを得ません。

　よって、会社は、従業員から労災申請がなされた場合には、その後の民事責任追及も視野にいれて対応をする必要があります。

3　会社としても調査をすべきである

（1）　労働基準監督署による不当な事実認定を抑止するための調査

　会社としては、将来に民事責任追及を受ける可能性があることも視野に入れて対応をします。労働基準監督署による調査に受動的に対応するのではなく、自ら、積極的に、ハラスメントの有無や内容について調査をする必要があると考えます。

　会社として、労働基準監督署に対して、把握している事実関係を報告すべきですし、労働基準監督署による関係者ヒアリングにあたっても、関係者が記憶に基づいた証言をできるように、予め関係するメール等の証拠を整理しておくことも必要です。

（2）　再発防止等の事後対応を実施するための調査

　また、労災申請をした従業員が会社による対応を望んでいないとしても、ハラスメントは職場全体の就業環境を害しかねない問題ですから、会社としては、何らかの再

発防止に向けた対応をすべきです。

　この観点からも、会社自身が積極的に調査をする必要性はあります。

（3）　「社内調査を求めない」という本人の意向について

　会社によるハラスメント対応にあたっての基本的な姿勢としては、相談者の意向を尊重すべきであり、相談者が反対する場合は、相手方（ハラスメント行為者と言われている従業員）のヒアリングを実施しないということが原則的な対応です。

　しかし、本設例のように、相談者が労災申請をしている以上は、労働基準監督署による調査がなされることは、相談者が想定していると考えて良いでしょう。したがって、相談者に対して、「労災申請する以上は会社としての調査も実施する」ことを説明し、相談者にもヒアリングに応じるように説得をするべきです。それでも、相談者が、社内調査を拒む場合であっても、会社としては、相手方（ハラスメント行為者と言われている従業員）のヒアリング等を進めるべき場合もあると考えます。

〔大浦綾子〕

別の視点から　　ハラスメント相談後の事後対応と労災認定

　ハラスメントの労災認定においては、上記の「認定基準」が用いられます。この認定基準においては、ハラスメント行為自体の程度によって「強」「中」「弱」が決められていますが、会社の事後対応も、影響します。

　たとえば、パワハラにおいては「中」と判断されるような身体的攻撃や精神的攻撃等のパワハラを受けた場合であって、会社に相談しても適切な対応がなく、改善されなかった場合には、「強」と判断されます。セクハラも同様に、「胸や腰等への身体接触を含むセクシュアルハラスメントであって、行為は継続していない」場合は、「中」と判断される事案ですが、「会社に相談しても適切な対応がなく、改善されなかった又は会社への相談等の後に職場の人間関係が悪化した」場合には、「強」と判断されます。

　このようにハラスメントのケースでは、会社の事後対応にも注意を払いましょう。

〔山浦美紀〕

【18】　ハラスメント被害申告者が、被害状況を社内外へ情報発信することを止めることはできない！？

　ハラスメント被害申告者が、会社によるハラスメント調査を進めている間に、被害状況について社内外で言って回っている。その場合、会社はどのように対処すべきか。

POINT	・被害申告者は、職場での自らの立場を守るとか、再発を防ぎたいという目的で、自ら事実であると信じている内容を周囲に話している。

誤認例	被害申告者が自分の立場を守るためとか、再発防止のためにした行為であれば、会社として制止することはできない。

本当は	被害申告者が自分の立場を守るためにした表現行為が事実に基づくものであっても、名誉棄損に該当するおそれがある上に、職場秩序の維持の観点から好ましくないため、これをやめるよう、会社として注意指導や業務指示をすべきである。

解　説

1　ハラスメント被害申告者が被害状況を社内外で言って回ることの危険性

　ハラスメント被害申告者から、「被害状況を社内外に伝えたいが、かまわないか。」と質問を受けることがあります。被害申告者に、その目的は何かと尋ねると、自らの立場が当該ハラスメントにより不利益になることを防ぐことや、自らやもっと弱い立場の者が再度同じような被害にあうことを防ぐことにある、と説明される場合もあります。被害申告者が、会社によるハラスメント調査がなかなか進まないという不満を持っている場合や、調査完了後の被害者に対する配慮のための措置、再発防止措置が十分でないと考える場合に、被害申告者が自らの行動により、これらを実現しようということでしょう。

　しかし、ハラスメント被害申告者が、被害状況を社内外で言って回る行動については、仮にハラスメント被害が事実であったとしても、名誉棄損に該当して不法行為が成立するおそれがあります。

　また、職場の秩序維持という観点からみても、被害申告者が被害状況を一方的に言って回ることには問題があります。

　会社が認定した事実関係が再発防止に必要な範囲で伝達されるならともかく、被害申告者の一方的な言い分が、無秩序に伝えられていくことで、ハラスメント行為者とされた者に対する信頼が失われたり、職場でのコミュニケーションが取りづらくなったりという悪影響が発生しかねません。

　したがって、会社は、ハラスメント相談、調査、事後対応のすべての段階において、一貫して、被害申告者が、被害状況を言って回ることを阻止すべきです。

2　裁判例にみる対処法
（1）　警告を無視して不実の情報発信を続けた従業員を解雇した裁判例

　三菱UFJモルガン・スタンレー証券事件（東京高判令4・6・23（令2（ネ）2310））では、パタニティハラスメントを受けたと主張する労働者が、記者会見の場や、全世界に公開された対談動画の中で、会社名を摘示した上で、「母子手帳が提出できないから育児休業申請が却下された、子が早く産まれて医師から今すぐ来なければならないと伝えられた旨を被告のマネジメント及び人事に伝えると『行くな』と言われ、子が死にかけているさなか無意味なスプレッドシートの作業を2日間続けた後耐えられない旨を再度伝え休暇の許可のないまま子に会いに行った」等の事実を摘示しました。これに対し、会社は、当該発言は「被告の信用および名誉を傷つけ被告の利益を害する行為として戦略就業規程に違反する可能性があり、今後慎むように」と警告をしました。ところが、原告は、これを無視し、不実の動画配信等を続けました。そこで、会社は、これらの情報発信行為をも理由として、原告を解雇しました。

　判決は、この解雇を有効としましたが、その中で、原告の情報発信は、客観的事実と異なる事実を広く不特定多数人に伝え、被告会社は労働者に子ができるとハラスメントをする企業であるとの客観的事実とは異なる印象を与えようとしたものである点、社会通念上許される表現等の域を超えて行為者とされた者の人格を傷つけるものである点において、懲戒事由に該当すると判断しています。

　これに対し、原告は、労使紛争について記者会見をすることは表現の自由として憲法上保障されているとの反論をしましたが、裁判所は、「不特定多数の人に向けて」「客観的事実に反する事実」に占められた情報発信をすることは、許容されないと断じました。

　この裁判例のように、社外の不特定多数人に対し、不実の情報発信をする被害申告者に対しては、被害申告者の意図がいかなるものであれ、会社として、これを止めるよう警告するべきですし、それに従わない場合には、懲戒処分や解雇も検討すべきです。

（2）　不実とは断定できない情報発信に対する削除指示も違法でないとした裁判例

　プラネットシーアールほか事件（長崎地判平30・12・7労判1195・5）では、従業員たる原告がFacebookとTwitterで「長崎プラネット事件　パワハラ・長時間労働／賃金未払・不当解雇」と題し、Twitterには「#ブラック企業#」というハッシュタグを入れて公開しました。これを受け、被告会社は業務指示書で、これらのSNSのページを完全に削除することを指示しました。

　この業務指示書で削除を指示したことが不法行為となるか否かが争われました。判決は、上司から原告に対するパワハラはあった等と認定し、被告会社がブラック企業と同類と称されてもやむを得ない点はあったとしつつも、上記SNS上の記載は、被告会社の社会的評価を低下させるものであるとし、当該文書による指示はパワハラ等の被害者に当たる原告の心情に対する配慮を欠ける態様のものであるが、これ自体が業務指示としておよそ根拠を欠き、専ら嫌がらせ又はいじめ目的でしたものであるとまでは認定できない、と認定しました。

　この裁判例のように、被害申告者の情報発信が不実ではなかったとしても、会社としては、名誉棄損である等として、これを止めるように警告、指示することが可能と考えます。

3　実際どのような対応をすればよいか

　会社としては、被害申告者から、名誉棄損あるいは他者の人格を傷つけるような情報発信が行われている場合は、これを止めるよう警告をし、従わない場合は懲戒処分をするという毅然とした姿勢で臨みます。

　また、会社として、未然予防、すなわち、被害申告者にそのような情報発信をさせないよう、取り組むことも重要です。そのためには、被害申告を受理した段階で、被害申告者に対し、被害状況の無用な口外は、たとえ内容が真実であっても、懲戒事由や名誉棄損等の不法行為となり得るということを伝え、これを控えるように指示することが必要です。

　しかし、被害申告者に「誰にも言うな」と口止めすることにより、被害申告者を孤立させることも避けなければなりません。そのため、申告受理時には、被害申告者に対し、会社としての調査が完了すれば、必要に応じて社内で事実関係の説明や被害回復のための措置をとることを説明することが重要です。また、事後対応完了に至るまで、相談窓口の担当者等が、被害申告者に寄り添う立場で、継続的に相談に乗り続けることも、無用な口外を避けるため有効です。

〔大浦綾子〕

第 3 章

当事者らへの事情聴取を
するときの落とし穴

74

【19】　ヒアリングで弁明の機会を設ければ、懲戒処分では弁明の機会は不要！？

　ハラスメント事案の加害者に対し、就業規則の手続に従って、懲戒処分を行おうと考えている。当該加害者に対するハラスメント調査のヒアリングを行っているので、それをもって懲戒処分に先立つ「弁明の機会」を済ませたとすることはできるか。

POINT	・懲戒処分については、会社によって就業規則や懲戒規程により手続が厳格に定められ、懲戒対象者への弁明の機会付与が明文化されている場合がある。

誤認例	ハラスメント調査のヒアリングにおいて、加害者に弁明する機会を十分に与えているから、別途「弁明の機会」を設ける必要はない。

本当は	ハラスメント調査のヒアリングは、あくまでハラスメントの事実認定のための手続であり、懲戒処分をするか否かは、事実認定をした後に出てくる問題であるから、懲戒処分の弁明の機会は、就業規則や懲戒規程に則って、改めて実施をすべきである。

解　説

1　懲戒処分の「弁明の機会」は必要か

　まず、懲戒処分をするにあたり、弁明の機会の付与が必要か否かという点が問題となりますが、就業規則等に弁明の機会を付与する旨の規定があれば、弁明の機会を欠いた懲戒処分は無効となります（千代田学園事件＝東京高判平16・6・16労判886・93）。他方で、規定がない場合には、日本HP本社セクハラ解雇事件（東京地判平17・1・31判タ1185・214）では、「就業規則に弁明の機会の付与の規定がない以上、弁明の機会を付与しなかったことをもって直ちに当該懲戒処分が無効になると解することは困難というべきである」として、弁明の機会を付与せずになされた懲戒処分を有効と判断しました。ただし、同判例でも「一般論としては、適正手続保障の見地からみて、懲戒処分に際し、

被懲戒者に対し弁明の機会を与えることが望ましい」と判示されています。

　懲戒手続規定において、弁明の機会の付与に関する明文がない場合であっても、懲戒処分の有効性に関し、後に無用の争いを残さないように、弁明の機会を付与しておいたほうが無難です。

2　ハラスメント調査のヒアリングと懲戒処分の弁明の機会の関係
（1）　ハラスメント調査のヒアリングの意義
　ハラスメント調査のヒアリングの目的はあくまで、ハラスメントの被害申告者が述べているハラスメント行為者の言動がハラスメント規程に定義されている各種ハラスメントに該当するかを判断することにあります。

　しかし、結局のところ、ハラスメント規程に定義される各種ハラスメントに該当する場合には、ハラスメント行為者が同時に懲戒事由に該当することになります。ハラスメント調査のヒアリングを経て認定された事実関係は、懲戒事由該当性の判断に用いられることになります。さらに、ハラスメント行為者がヒアリングで述べた内容には、懲戒処分の相当性を判断する際に考慮される情状に関する事実が含まれることも多いです。

　とすれば、ハラスメント調査のヒアリングにより、懲戒処分の必要性や許容性に関する事情はすべて行為者から聴取済みであり、さらに弁明の機会を付与しても、同じことを再度聴取するだけであり、二度手間ではないかという発想になるかもしれません。
（2）　懲戒処分の弁明の機会の意義
　しかし、懲戒処分については、会社によっては、就業規則や懲戒規程により、その手続が厳格に定められており、懲戒対象者への弁明の機会付与が明文化されている場合があります。その場合は、ハラスメント調査のヒアリングとは切り分けて行われることが前提となっているはずですので、別途、懲戒処分の「弁明の機会」を設けなければなりません。

　他方で、就業規則等に、弁明の機会付与の明記がない場合には、上記日本HP本社セクハラ解雇事件の判示するところのように、弁明の機会を付与しなかったからといって、直ちに懲戒処分が無効となるわけではありませんので、ハラスメント調査のヒアリングとは別に弁明の機会を設けなくてもよいように思われます。しかし、弁明の機会を設けないで行った懲戒処分について有効性を争われた場合には、手続的瑕疵があるという争点を増やすことになってしまいます。無効とされるリスクを下げるため、就業規則等に、弁明の機会の付与に関する規定が有るか無いかにかかわらず、加害者

と認定された懲戒対象者に対し、弁明の機会を付与した方が無難です。

　弁明の機会の付与は、対面で行うのが一般的ですが、ハラスメント行為者が休職中といった場合で対面で行うことが難しい場合には、弁明内容を書面に記して提出させるようにします。対面での弁明の機会の実施については、多人数で圧迫するような状況は避け、自由な発言ができるよう環境を整えましょう。書面で行う場合、書面の提出期限があまりにタイトであると十分な弁明ができなかったとのクレームが出る場合がありますので、準備に必要な時間を確保しましょう。

〔山浦美紀〕

【20】　ノウハウがなくても、ハラスメント被害申告者のヒアリングは社内の実情に精通している従業員が対応するべき！？

　我が社では、ハラスメント被害の申告事案が過去になく、誰も関係者から事情を聴きだすヒアリングをした経験がない。そのためハラスメント被害申告者・ハラスメント行為者とされる相手方・関係者へのヒアリングがうまく行えないのではと考えている。このような場合、どうしたらよいか。

POINT	・各会社のハラスメント関連規程に反しない範囲で、個別事案に応じた最適な担当者がヒアリングを実施するべきである。中立性、専門性を確保できる社外の弁護士にハラスメント調査を依頼することにはメリットがある。

誤認例	ヒアリングのノウハウがなくとも、ヒアリング対象者が気軽に話をでき、社内の実情にも精通している社内の従業員がヒアリングにあたるのがよい。

本当は	社内の従業員がヒアリングをするにあたって、弁護士に方針やポイントを相談するとよいし、場合によっては中立な立場の弁護士にヒアリングの実施を依頼してもよい。 会社のハラスメント関連規程にある、ヒアリングを実施する者の決定プロセスに従う。ヒアリングのノウハウがない場合や事案が困難な場合には、弁護士等の専門家への依頼も検討する。

解　説

1　社内の従業員によるヒアリングのメリット

　社内の従業員に対しては、ヒアリング対象者が緊張せずに気軽に話すことができる、という場合もあるでしょう。

　また、当然ながら、社内の従業員であれば、会社の組織、関係者の人間関係、相談者らが担当している業務の内容や、業界に特有の用語等に精通しているでしょうから、ヒアリング対象者の話す内容の理解が速い、という利点もあります。

　さらに、社内の従業員がヒアリングのノウハウを獲得することは、会社がハラスメント問題を内部で解決していく力を身に着けることにつながる点も、重要なメリットと言えます。

　社内の従業員が、弁護士に相談をして、個別事案に即したアドバイスを受けながらヒアリングを実施するということで、ノウハウの不足を補うこともできます。

2　社外の弁護士によるヒアリングのメリット

　ハラスメント案件のヒアリングは、①ヒアリングに応じない当事者がいるがどうすべきか、②ヒアリング対象者の言い分が真っ向から相反しているが事実認定のためにはどのような問いをしたらよいのか等の困難を伴うことが多くあります。

　そのような困難がある場合に、ヒアリングのノウハウが全くない従業員が当たってしまうと、事案把握がより困難になります。

　そのため、上記①②のような困難に直面した場合や、当初からそれが予測される場合には、専門家である弁護士に依頼をして実施をするということも検討するとよいでしょう。

　弁護士に依頼するメリットは、①中立性を確保しやすい、②裁判実務の専門家としての立場から的確かつ効率的なヒアリングを実施出来る、③社内の人選の手間を省けることです。

　ヒアリングを社外の弁護士に依頼する場合には、顧問弁護士に依頼することも可能です。しかし、顧問弁護士に依頼する場合には、会社にとって次のようなデメリットがあることにも注意が必要です。

　まず、ヒアリング対象者が顧問弁護士と旧知の仲であるというような場合には、ヒアリングの中立性に欠けるという疑義が生ずることがあります。たとえば、被害申告者が、「顧問弁護士は、加害者と普段から打ち合わせをしたり、出張に行ったり、飲食まで共にしている旧知の仲であるから、加害者に有利なヒアリングを実施するのではないか」という疑念を抱くこともあるでしょう。このような場合には、顧問弁護士以外の弁護士にヒアリングの依頼をすることが無難です。

　また、顧問弁護士が、一旦中立的な立場でヒアリングに携わってしまった場合、顧問弁護士は、事後に生じた被害者と会社間の紛争対応の代理人として受任できなくなります。顧問弁護士は、普段から会社のことに精通しており、紛争になった際に代理人として依頼をしたいものですが、それができなくなれば、紛争解決のために別途弁護士を探して代理人を依頼する必要が生じます。

　ヒアリングについては、顧問弁護士以外の弁護士に依頼しておくことが無難であると考えられます。

3　当該企業のハラスメント関連規程に従った人選

　もっとも、ヒアリングを実施する者を選定するにあたっては、各社のルールに従う必要があります。

　この点、企業のハラスメント関連規程に、

「ハラスメント案件ごとに調査員3名を選任して調査を実施させる」「調査員は、以下の中から、選任する。（1）人事部1名、（2）ハラスメント相談担当室1名、（3）その他人事部長が任命する者1名」

等と、調査担当者の決定プロセスが詳細に定められている場合もありますので、その規定に従います。

　上記の規定でも、調査員からヒアリングを弁護士に委嘱することも可能です。ヒアリングに困難を伴う案件と見込まれる場合には、ヒアリングを弁護士に依頼して実施することも検討しましょう。社内の担当者がヒアリングを開始した後に、途中から弁護士が交代してヒアリングを実施することも考えられますが、複数回ヒアリングを実施することで対象者に負担をかけることになりますので、企業が実施したヒアリングの成果を利用しつつ、重複の質問を避けるという配慮が必要となります。

4　ヒアリング担当者への研修の実施

　ハラスメント事案のヒアリングを担当する従業員には、研修を実施したほうがよいでしょう。ヒアリングは、企業の措置義務の履行の一環です。ヒアリング実施者が、「話を聞かない」「一方的に決めつける」というような態度で、相談者の言い分を十分に聞かなかった場合、措置義務を履行していないと言われかねません。

　一朝一夕には、ヒアリングのノウハウは習得できませんので、ヒアリング担当者には、模擬ヒアリングを伴った個別研修を定期的に実施することも効果的です。

　また、ヒアリング実施の際は、聞き洩らしがないように、あらかじめ質問項目をリストアップする等して、事前準備をしておくことも重要です。

〔山浦美紀〕

　別の視点から　　ハラスメント関連規程の確認と見直しを

　会社によっては、社内規定により、ハラスメント調査を担当できる者が従業員に限定されているとか、調査を外部専門家に委託できる旨の根拠規定を欠いているといった場合もあります。この場合、外部の弁護士がヒアリングを行うことの正当性について、疑義が生じかねません。

　平時の社内規定の見直しとして、ハラスメント調査やヒアリングを外部の弁護士に委託できることの根拠規定を設けておくことをお勧めします。

〔大浦綾子〕

【21】　ハラスメント調査中に被害申告者とハラスメント行為者とされる相手方の執務場所を遠ざけられなくても仕方ない！？

　会社の規模が小さく、1つの部屋で従業員全員が働いているため、ハラスメント調査中に被害申告者と相手方を遠ざける方法がない。相手方を暫定的に自宅待機させるなど、何かしらの対応は必要か。

POINT	・会社は、ハラスメントの相談を受けた時点から、早急に良好な職場環境の回復に尽力すべきである。

誤認例	小規模の会社では取り得る措置にも限界があるため、ハラスメントの事実調査が終わるまでは現状のままとしつつ、事情を知る周囲の従業員が相互の言動を注意深く監視しておくくらいしかできない。

本当は	ハラスメント言動が継続することが予測される場合や、相手方と顔を合わせるだけで心理的負担が増大するような場合には、被害申告者と相手方を引き離す暫定措置を検討する。自宅待機命令については、その必要性・相当性を検討して、慎重に吟味をする。

解　説

1　良好な職場環境の回復を優先する

　会社は、ハラスメントの相談を受けた以上、被害申告者の職場環境が少なくとも被害申告者の主観において悪化していることを把握したことになります。会社は、職場環境配慮義務を負っている以上は、早急に良好な職場環境の改善に努めるべきです。ハラスメントの調査が完了するまで現状のままとするということは後手の対応となります。

　ただし、事実認定とハラスメント該当性の判断が完了していない段階では、相手方への注意指導、懲戒処分・配置転換といった終局的な措置をとることはできません。あくまで、良好な職場環境の回復を目的とした暫定措置ということになります。

2　暫定措置をとるべき場合とは

　上記のような暫定措置は、必須でしょうか。ハラスメント行為が継続することが予想される場合や、被害申告者が、相手方と顔を合わせるだけで心理的負担が増大するというような場合には、円滑な業務の遂行ができませんので、被害申告者と相手方を引き離す暫定措置を講じることを検討します。

　しかし、暫定措置は、あくまでハラスメントの調査が完了するまでの仮の措置です。被害申告者が現にさらされているリスクと、相手方が被る不利益や支障のバランスを考慮して、暫定措置の内容を検討します。これらの検討にあたっては、被害申告者の相談内容や、提供した客観的記録により、当該案件についてハラスメントが認定されそうか否かも考慮に入れます。ハラスメントが認定される見込みが高ければ、相手方が不利益を被る措置も可能ですが、その見込みが不透明であれば、相手方の不利益が無いか少ない措置に限定せざるを得ません。

3　小規模の会社でとり得る暫定措置

　暫定措置としては、例えば以下の3つのようなものが考えられます。

① 　相手方に被害申告者への接触、報復や調査の妨害の禁止を命ずる

② 　相手方の執務場所を暫定的に変更する

③ 　相手方に自宅待機命令を命ずる

　しかし、会社が小規模の場合、①や②の方法には限界がありますし、一般に③の方法は相手方への不利益も大きいです。いずれの暫定措置もとりがたいという場合には、とにかく、相手方のヒアリング等の調査を速やかに行うしかありません。

　①の方法については、「無用な接触をしないこと、報復や調査の妨害をしないこと」と命ずることはできるものの、1部屋で執務しているような小規模の企業では、業務上の接触は避けられません。相手方に被害申告者と話さないように命じたり、エレベーターやトイレを使わないように命ずることは無理があり、かえって不自然ですので、限界があります。

　②の方法については、デスクの場所を移動するということは可能かもしれませんが、他の従業員による「何か相手方に問題があったのではないか」といった憶測や風評を招くといった影響があります。これにより、かえって、事後の環境調整が難しくなるおそれもありますので、慎重に判断すべきです。

　③の方法については、業務上のパソコンを持たせずに自宅待機とすれば、相談者との接触も防げますし、証拠隠滅（データ消去や周囲への口裏合わせの指示）も防止できます。しかし、自宅待機命令は、①や②の方法よりも、さらに相手方に対する不利

益が大きいものです。不祥事があったのではないかといった憶測や風評も出やすいと考えられます。業務命令権の濫用に当たらないように慎重に判断すべきです。

　裁判例でも、業務上の必要性を欠いたり、不当に長期間にわたる場合には、自宅待機命令が権利濫用となり違法となったケースがあります。ノース・ウエスト航空事件（千葉地判平5・9・24判タ834・98）では、非違行為の事実調査を尽くさないまま継続された約7か月間の自宅待機命令が違法と判断されました。なお、自宅待機命令中でも賃金の支払は必要です。

　①②③のいずれの方法もとりづらい場合には、近くの席に配置されている管理者に当事者双方の様子を定期的に見守ってもらうという方法も考えられます。その際は、ハラスメントの被害申告者に、何かあれば、当該管理者が見守っているので、相談するように伝えておくと、安心感を与えることができるでしょう。

〔山浦美紀〕

【22】　ヒアリングの実施時間は業務にならない！？

　従業員数が少ないため、ヒアリングのために業務から離れる者がいることで業務が滞ってしまう。ヒアリングは業務時間中か、休日や終業後か、どちらで実施すべきか。また、ヒアリングの実施時間の取扱いに関する注意事項はあるか。

POINT	・ヒアリングを業務時間内に実施することで、対象者が本来の業務から離れることになり業務が滞ってしまうし、ヒアリングを実施していることが従業員に知られて、相談者や相手方等のプライバシーの保護に反する事態となる可能性は否めない。

誤認例	ハラスメント関係者に対するヒアリングは業務とは無関係なので、就業時間外に行うべきである。そのため、休日や終業後に行った場合であっても、時間外手当等は支払わなくてよい。

本当は	ハラスメント関係者は、本来業務の内容の一環として調査協力義務を負うため、ヒアリングは業務の一環となる。就業時間中に行うことが不都合であれば、休日や就業後に行う選択肢もあるが、その場合には、しかるべき時間外手当等を支払う必要がある。

解　説

1　措置義務の具体化としての事実関係の迅速かつ正確な確認

　ハラスメント関係指針には、雇用管理上の措置として「職場におけるハラスメントへの事後の迅速かつ適切な対応」が規定されており、その一内容として、「事実関係を迅速かつ正確に確認すること」が挙げられています。

　具体的には、ハラスメントの関係証拠（メール、LINE、手紙、写真、録音記録等）を収集したり、関係者への事情聴取（ヒアリング）を実施したりすることがこれに当たります。

2　ハラスメント行為者へのヒアリング

（1）　調査協力義務

　ハラスメントの疑いがある言動について、ハラスメント行為者とされる従業員は、その有無や内容についての調査に協力する義務を負います。

　そもそも会社がハラスメント事案に対して、事実関係の調査をすることができることは当然のことです。富士重工事件（最判昭52・12・13判時873・12）では、「企業秩序に違反する行為があった場合には、その違反行為の内容、態様、程度等を明らかにして、乱された企業秩序の回復に必要な業務上の指示、命令を発し、又は違反者に対し制裁として懲戒処分を行うため、事実関係の調査をすることができることは、当然のことといわなければならない」と判示されています。

　その反面として、会社が、ハラスメント事案の調査の目的で、ハラスメント行為者とされた従業員に事情聴取を行う場合、ハラスメント行為者とされた従業員は、調査に協力する義務を負います。

　前掲富士重工事件では、「調査対象である違反行為の性質、内容、当該労働者の右違反行為見聞の機会と職務執行の関連性、より適切な調査方法の有無等諸般の事情から総合的に判断して、右調査に協力することが労務提供義務を履行する上で必要かつ合理的であると認められ」る場合には、労働者が調査協力義務を負うと解されています。

（2）　休日・終業後のヒアリング

　上述のとおり、調査協力義務は、「労務提供義務を履行する上で必要かつ合理的であると認められ」る場合に発生します。したがって、この場合のヒアリングは業務の一環となります。

　本設例のように、従業員数が少ない場合等、業務時間中に、ハラスメント行為者に対するヒアリングを実施すると、業務に支障が生じます。さらに、他の従業員にヒアリングを実施していることや、誰が関係している案件なのかが分かってしまうという不都合があります。この場合には、休日や終業後に、休日労働や時間外労働を命じた上で、ヒアリングを実施することができます。もっとも、その場合は、ヒアリングの時間は、業務を遂行している労働時間となりますので、時間外手当や休日手当といったしかるべき賃金を支払う必要があります。

3　関係者（上司、目撃者、同僚）へのヒアリング

（1）　調査協力義務

　関係者である従業員（上司、目撃者、同僚）も、ハラスメント事案に対して、調査協力義務を負います。

　まず、上司は、調査に協力することが本来業務の内容の一部であるため、全面的に調査協力義務を負います。

　前掲の富士重工事件では、「当該労働者が他の労働者に対する指導、監督ないし企業秩序の維持などを職責とする者であって、右調査に協力することがその職務の内容となっている場合には、右調査に協力することは労働契約上の基本的義務である労務提供義務の履行そのものであるから、右調査に協力すべき義務を負うものといわなければならない」とされており、広範な調査協力義務が認められています。

　他方で、ハラスメントの目撃者や同僚等は、「調査対象である違反行為の性質、内容、当該労働者の右違反行為見聞の機会と職務執行の関連性、より適切な調査方法の有無等諸般の事情から総合的に判断して、右調査に協力することが労務提供義務を履行する上で必要かつ合理的であると認められ」る場合に調査協力義務を負います。

（2）　休日・終業後のヒアリング

　2（2）のハラスメント行為者へのヒアリングと同様、業務時間中に関係者に対するハラスメントのヒアリングを実施すると不都合が生じる場合には、休日や終業後に、休日労働や時間外労働を命じた上で、実施することができます。

　その場合は、ヒアリング時間は、業務を遂行している労働時間となりますので、時間外手当や休日手当といったしかるべき賃金を支払う必要があります。

〔山浦美紀〕

別の視点から　　ヒアリングの場所も工夫を

　ハラスメント調査の進行中に、従業員の間で憶測が広がることを避けるため、ヒアリングの場所を工夫することもあります。

　事業所内で実施をすると、普段では見慣れない弁護士や、人事部担当者がやってきて、順次従業員を呼び出しているという状況になりかねません。ヒアリング対象者に口止めをしても、様々な憶測を招くことを避けられません。

　このような混乱を避けるため、事業所外の貸会議室や、弁護士の法律事務所の会議室を利用して、ヒアリングを実施することも多いです。

〔大浦綾子〕

【23】　ヒアリングの際に録音させてほしいと求められたら許容しなければならない！？

ハラスメント事案の調査にあたり、従業員のヒアリングを予定しているが、その従業員から、「ヒアリングをするなら録音させてほしい」と言われた。情報漏洩の観点から録音を禁止することはできるのか。また、ヒアリング実施者側としては録音することは必須なのか。

POINT	・ヒアリング実施の際の会社側の録音は、ヒアリング経過を記録化するために必要である。ヒアリング対象者側の録音を認めるか否かは、会社側の裁量による。

誤認例	会社側での録音は必須であり、会社側も録音をする以上、従業員の録音を禁止することはできない。

本当は	会社は、雇用契約上の指揮命令権及び施設管理権に基づいて、ヒアリング対象者である従業員にヒアリングの録音を禁止することができる。しかし、録音を禁止することで関係者の率直な話が聞けないなど、一切ヒアリングができなくなるという場合には、調査を進めるため、公表しない等の条件のもとで、録音を認めるといった柔軟な対応をすることもあり得る。

解　説

1　会社内での録音について

　ハラスメント調査のヒアリングにあたり、ヒアリング対象者が、自らの防御のために、録音をしたいと申し出ることは、頻繁に起こります。

　しかし、ヒアリング対象者が、録音データを意図的にマスコミやSNS等に開示したり、過失により漏洩してしまったりするおそれがあり、その場合、関係者のプライバシーを侵害するといった深刻な被害が生ずるおそれがあります。

　したがって、ヒアリング対象者の録音は、原則として禁止した方がよく、以下の裁

判例に照らしても、就業規則に録音禁止の規定がなくとも禁止することができると考えます。

　甲社事件（東京地立川支判平30・3・28労経速2363・9）は、会社の録音禁止の業務命令に対し、従業員が、懲戒手続の弁明の機会にあたって「自分の身を守るためには録音は自分のタイミングで行う」と主張するといった反抗的な態度をとったことが一つの理由となり解雇が有効とされた事案です。甲社事件の判旨では、会社は、労働契約上の指揮命令権及び施設管理権に基づき、社員に対し、職場の施設内での録音を禁止する権限があるというべきで、このことは就業規則にこれに関する明文があるか否かによっても左右されないとされています。

2　録音は一切認めないという方針を貫くべきか

　しかし、「ハラスメント調査の際の録音は一切認めない」という硬直的な対応を貫いた場合、調査が一切進まないという事態も考えられます。

　そこで、ヒアリング対象者から、「①録音データを他人に漏洩しない」「②ブログやSNSにアップロードしない」といった誓約を書面でさせた上で録音を認めるということも考えられます。

3　会社側の録音データの提供

　ヒアリング対象者から、後に、会社側の録音データを提供するような要望がなされる場合がありますが、これも応ずる義務はありません。原則として録音データの開示については、民事訴訟においてしかるべき開示手続（文書送付嘱託の申立てや文書提出命令の申立て）がなされた場合や捜査機関からの提出要請（任意提出の要請や捜索差押等）があった場合に、個別に対応することになります。

　ただし、録音データの内容がハラスメントの被害申告者等、ヒアリング対象者以外の高度なプライバシー情報を含むものですので、これらの法的手続に直面した場合であっても、録音データの開示に応ずる必要性があるか否かは、当該ケースにおける裁判例等を踏まえて弁護士等の専門家に相談の上、慎重に判断すべきです。

　とはいえ、ヒアリング対象者がヒアリング後に、自らの供述内容を確認したいという要望を申し述べ、会社が保有している録音データの提供を希望することも考えられます。このような場合には、ヒアリング対象者以外のプライバシー情報の保護の観点も踏まえて、会社内でヒアリングの録音データを再生して確認してもらうといった個別の対応を検討します。

4　会社による録音は必須か

　ヒアリングの対象となった従業員が、「会社が録音するのに、自分が録音できないのは不公平だ」という意見が述べられることもあります。

　そこで、そもそも、ハラスメント調査のヒアリングを、実施者である会社側で録音することが必須かを検討しておきます。

　確かに、録音は、詳細な記録を残すためには、最良の手段です。ハラスメントの事後対応として、関係者の懲戒処分をする場合には、会社としては、確かな証拠として録音をしておきたい要請は強いものです。

　しかし、会社がヒアリングを録音をすることで、かえって、ヒアリング対象者の口が重くなってしまうこともあり得ます。例えば、ハラスメントの被害申告者が、性被害等の身体的被害を受けているセクハラのケースや、ハラスメント行為者からの報復を恐れている場合には、ヒアリング対象者が過度に萎縮しており、録音することにより、より一層、話しにくくなりかねません。

　また、ハラスメント行為者のヒアリングにおいても、録音されるとわかった場合、懲戒処分を受けることを警戒するあまり、口が重くなるということも考えられます。

　このように、ヒアリング関係者から率直な供述を得られず、会社として適切なハラスメント再発防止策を講ずることができないようでは、かえって困ったことになります。

　このようなケースではあえて、会社も録音を行わずに、かわりに、詳細なメモをとり、事後に、ヒアリング対象者にも確認をとって議事録化するという方法もあります。

〔山浦美紀〕

　別の視点から　　ヒアリング対象者による録音を許諾する代わりに

　ヒアリング対象者が、その私用端末に、ヒアリングの録音データを保有することによる漏洩リスクは、どこまでいっても払拭できません。そこで、ヒアリング対象者に、録音に代わる方法を提案することも検討するとよいでしょう。具体的には、次のような方法があり得ます。

　一つ目は、会社端末で録音したデータを文字に起こしたものを、ヒアリング対象者にも閲覧可能とする方法です。これにより、生々しい録音データそのものが部外者に流出するという危険は避けることができます。

　二つ目は、ヒアリング対象者に弁護士の代理人が受任している場合には、当該弁護士の管理にかかる端末にて録音をすること、及び、当該弁護士にて録音データを管理し流出させないことを誓約してもらうことを条件に録音を許諾することもあり得ます。

〔大浦綾子〕

【24】　ヒアリングの際に、第三者の立会いは認めなくてよい！？

　ハラスメントのヒアリングの際、第三者の立会いを求められたが、認めるべきか。その求めが、ハラスメント行為者の場合とハラスメントの被害申告者の場合で対応に差異はあるのか。

POINT	・会社の就業規則等の規定に、第三者の立会いを認める根拠規定がない場合は、会社の裁量により判断する。

誤認例	ハラスメントのヒアリングにおいては、秘密保持を徹底する必要があるため、第三者の立会いは一切認めるべきではない。

本当は	会社のハラスメント関連規定に、第三者の立会いを認める根拠規定があれば、規定に従って許否を決める。第三者の立会いを認める根拠規定がなければ、聴取者の裁量により許否を判断する。ハラスメント行為者の場合には、懲戒処分の「弁明の手続」との関係が問題となり、ハラスメントの被害申告者の場合には、精神的安定のための付添いという観点の考慮が必要となる。

解　説

1　第三者の同席

　ハラスメントのヒアリングの際に、弁護士・家族・同僚等の第三者の立会いを求められた場合、これを認めるべきかについては、ハラスメント関連法や、ハラスメント関係指針には、何らの規定もありません。会社が任意にルールを作ることができる事項となりますので、基本的には、各社の就業規則・ハラスメント関連規定の規定内容によります。

　具体的には、就業規則やハラスメント関連規定に、第三者の立会いを認める根拠規定があれば規定に従って許否を判断します。

　他方で、立会いを認める根拠規定がない場合には、聴取者（会社）の裁量により許否を判断すれば足ります。

2　ハラスメント行為者からの申入れ（弁護士の立会いを求める申入れ）

ハラスメント行為者が、「弁護士を同席させない場合、ヒアリングに応じない」と申し述べてきた場合はどうすべきでしょうか。

この場合にも、上述1の基本的な考え方に従い、就業規則やハラスメント関連規定に基づいて許否を判断すれば足ります。

さて、筆者は、ハラスメントのヒアリングと懲戒処分のための「弁明の機会」は別途実施すべきであるとの立場です。他方で、ハラスメントのヒアリングが、懲戒処分に先立つ「弁明の機会」を兼ねるという立場で事案を処理する場合には、違った観点での考慮が必要と考えます。

まず、懲戒処分をするにあたり、弁明の機会の付与が必要か否かという点が問題となりますが、就業規則等に弁明の機会を付与する旨の規定があれば、弁明の機会を欠いた懲戒処分は無効となります（千代田学園事件＝東京高判平16・6・16労判886・93）。他方で、そのような規定がない場合には、日本HP本社セクハラ解雇事件（東京地判平17・1・31判タ1185・214）では、「就業規則に弁明の機会の付与の規定がない以上、弁明の機会を付与しなかったことをもって直ちに当該懲戒処分が無効になると解することは困難というべきである」として、弁明の機会を付与せずになされた懲戒処分を有効と判断しました。ただし、同判例でも「一般論としては、適正手続保障の見地からみて、懲戒処分に際し、懲戒処分対象者に対し弁明の機会を与えることが望ましい」と判示されています。したがって、就業規則等に弁明の機会付与の規定があるかないかに関わらず、懲戒処分対象者に対しては、弁明の機会を付与しておいた方が無難です。

さらに、懲戒処分の弁明の機会に、弁護士を同席させなかったことにより弁明の機会を欠いたと言われるのかという点も問題になります。まず、就業規則等に第三者の立会いを認める規定がない場合には、弁護士の立会いを認めなくとも、弁明の機会を欠いたことにはならないと考えます。いかなる手続によって懲戒処分をするかは、就業規則等に特段の定めがない限り使用者の裁量に委ねられていると解されているからです（三井リース事件＝東京地決平6・11・10労経速1550・24）。

ただ、立会いは認めないにしても、懲戒手続において弁護士が、懲戒処分対象者の代理人として連絡対応をしたり、弁明書を提出してきた行為については、対象者本人による行為として受け入れるべきと考えます。

3　ハラスメントの被害申告者からの申入れ（家族・同僚・カウンセラー等の立会いを求める申入れ）

ハラスメントの被害申告者から、その不安を緩和するために、家族・同僚やカウン

セラーに付添いをしてもらいたいというような要望が出ることも多いです。この場合も、会社の就業規則等の規定に従い、立会いの許否を判断します。規定がない場合には、聴取者（会社）の裁量により許否を決すればよいでしょう。

　第三者の立会いを認める場合も、被聴取者は相談者自身であり、ハラスメントの被害申告者が話した内容のみが、事実認定の材料になるということを意識するべきです。例えば、ハラスメントを直接経験したわけではない家族が、相談者を代弁した内容には、伝聞が含まれていることに留意が必要です。

　また、ハラスメントの目撃者である同僚が立ち会うケースでは、ハラスメントの被害申告者と同僚が同一の機会に供述することにより、互いに影響しあって、無意識的に事実ではない供述が作られる危険性もあり、真実がゆがめられてしまうおそれがあります。そのような第三者の同席は認めないことも一つの方法ですし、同席を認める場合は、まずは目撃者から単独でヒアリングをしてから、ハラスメントの被害申告者のヒアリングをし、立会人である目撃者には発言を認めないこととする等の工夫が必要です。

〔山浦美紀〕

　別の視点から　　第三者を立ち会わせる場合の注意点

　ヒアリングに第三者を立ち会わせたいとの要望があった場合には、会社の規定に反しない限りは、いったんは同席を認めてみる、という対応もあり得ます。

　ただし、第三者に守秘義務を課すことを忘れてはなりません。

　また、実際に立ち会わせてみたところ、第三者が供述するばかりで、被聴取者の供述を聴くことができない場合には、第三者に退席を求め、以後は同席を認めない、という対応をします。立会いを認めたために、被聴取者から話を聞けないままにヒアリングを終了するということのないようにしましょう。

〔大浦綾子〕

【25】　ハラスメント行為者がヒアリングを拒否する場合は、調査ができないので、ハラスメントの認定はできない！？

　ハラスメントの行為者とされている従業員がヒアリングを受けることを完全に拒否している。このまま、その他の証拠だけでハラスメントを認定してもよいのか、調査を取りやめるべきか。

POINT	・ハラスメント行為者とされている従業員には一定の調査協力義務があることから、それを理由に事情聴取に応じるように命ずることができる。

誤認例	ハラスメント行為者とされている従業員がヒアリングを拒否しているときは、調査協力義務違反を理由に懲戒処分は可能であるものの、それでも拒否が続けば、ハラスメントの認定ができないため、調査自体を取りやめるしかない。

本当は	ハラスメント行為者とされている従業員には、一定の調査協力義務がある。それを理由としてヒアリングに応ずるように命じた上で、回答書の提出を促すなどの代替措置も検討する。それでも応じない場合には、その他の証拠により事実認定をすることになる。

解　説

1　ハラスメント行為者とされた従業員の調査協力義務

　ハラスメント行為者とされた従業員がヒアリングを拒否している場合に、会社がヒアリングに応ずるように、業務命令を出すことができるかがまず問題となります。

　就業規則やハラスメント規定に、ハラスメント事案への調査協力義務の規定があれば、それをもとに、業務命令を発することになります。そのような規定がない場合であっても、以下の判例からすれば、加害者は一定の調査協力義務を負うことになります。

　富士重工事件（最判昭52・12・13判時873・12）は、「企業秩序に違反する行為があった場

合には、その違反行為の内容、態様、程度等を明らかにして、乱された企業秩序の回復に必要な業務上の指示、命令を発し、又は違反者に対し制裁として懲戒処分を行うため、事実関係の調査をできることは、当然のことといわなければならない」と判示しています。会社がハラスメント事案に対して、事実関係の調査をすることができるのは当然のことです。

　そして、その反面として、会社がハラスメント事案の調査をする目的で、ハラスメント行為者とされている従業員にヒアリングを行う場合、一定の調査協力義務を負います。

　富士重工事件では、具体的に、「調査対象である違反行為の性質、内容、当該労働者の右違反行為見聞の機会と職務執行との関連性、より適切な調査方法の有無等諸般の事情から総合的に判断して、右調査に協力することが労務提供義務を履行する上で必要かつ合理的であると認められ」る場合、加害者は調査協力義務を負います。

　ハラスメント行為者とされている従業員としては、自らに就業規則違反あるいは企業秩序を乱すような違反行為があったと疑われているわけですから、調査協力義務を負うといえます。

　したがって、ハラスメント行為者とされている従業員が、調査に応じない場合には、業務命令違反として懲戒処分を検討することになります。ただし、調査協力義務に違反したことを理由として懲戒処分ができるか、就業規則の内容を精査する必要があります。

2　ヒアリングに代わる方法の検討（代替手段としての回答書提出）

　ヒアリングに応じない場合には、不利な認定になるおそれもあることを告げ、ヒアリングに応じるよう丁寧に説得を試みます。

　それでもヒアリングに応じない場合には代替手段として、質問事項への回答書を一定の期限までに提出するように命ずるという方法が考えられます。証拠資料がある場合はあわせて提出するように伝えます。そして、提出された回答書等を事情聴取に代替する証拠として、事実認定を行うことになります。

3　ヒアリングを完全に拒否した場合の事実認定

　ハラスメント行為者とされた従業員がヒアリングや回答書の提出も完全に拒否した場合であっても、その他の証拠から事実認定をし、ハラスメント該当性が認められれば、それを前提に事後対応（懲戒処分や異動を含みます。）を実施して構いません。

　ただし、ハラスメント行為をしたことを理由に、ハラスメント行為者の懲戒処分を

行う際には、別途、懲戒処分のための手続として、就業規則や懲戒規程に則った弁明の機会の付与等の手続をとることを忘れないようにしましょう。

〔山浦美紀〕

別の視点から　　ハラスメント＝必罰ではないことの周知も検討

　ハラスメント行為者とされた従業員が事情聴取に協力しない事情としては、協力したら自分が処罰されることになるとか、自分に不利なことしか聴かれない、と警戒している心情があるのではないかと推測します。もし、当該会社が、ハラスメントに対しては必ず懲戒処分を下すという方針をとっているのであれば、その心情は理解できないでもありません（もちろん、調査協力義務違反を正当化する趣旨ではありません。）。

　筆者としては、ハラスメントの事後対応において、もっとも重要な目的は「再発防止」と考えており、その手段の一つとして、懲戒処分がありますが、それがすべてではないと考えています。事案によっては、ハラスメント行為者に懲戒処分という重いペナルティを科すよりも、コミュニケーションに関する研修を受講させて再発防止を誓約してもらう方が、再発防止策として効果的なこともあります。そして、このように柔軟に事案に即した再発防止策を講ずる企業の方が、ハラスメント行為者とされた従業員や関係者からの調査協力は得やすいようにも感じます。

　ハラスメントが発覚した場合には懲戒処分ありきではなく、様々な再発防止策を検討することを社員に周知しておくことで、かえって、会社としてハラスメントの実態を把握しやすくなるのではないかと考えます。

〔大浦綾子〕

【26】　ハラスメント目撃者の口が重い場合は、ヒアリングを諦めるしかない！？

　ハラスメント行為者とされる者が、人事評価者の立場にあるなど、会社での影響力が大きいため、ハラスメントの目撃者が、自分への悪影響を心配してか、協力的でなく、事実をありのままに答えるような姿勢が見られない。このような場合、どのように対応したらよいか。

POINT	・ハラスメントの目撃者には調査に協力する義務がある。また、会社は、目撃者がヒアリング等の事実関係の調査に協力したことを理由として不利益な取扱いを行ってはならない。

誤認例	目撃者が、トラブルに巻き込まれたくないとか、次は自分がハラスメントのターゲットになるかもしれない等と考えて、口が重くなることは理解できるところであり、目撃者が協力義務を負うとしても、それ以上の無理強いはできないため仕方ない。

本当は	目撃者も職務の一環として調査協力義務を負うことを説明した上で、「ヒアリング等の事実関係の調査に協力したことを理由として不利益な取扱いはされない」ことを告げて協力を求め、調査にあたって秘密を厳守する姿勢を明示する。

解　　説

1　目撃者の調査協力義務

　ハラスメントの目撃者が、ヒアリング等の事実関係の調査に協力しないような場合、会社が、調査に協力するように業務命令を出すことはできるでしょうか。そもそも、ハラスメント事案の申告者や行為者といった当事者でもなく、それを目撃したにすぎない従業員に、ヒアリング等の事実関係の調査への協力義務があるのかが問題となります。

　会社がハラスメント事案に対して、事実関係の調査をすることができることは当然のことであり、富士重工事件（最判昭52・12・13判時873・12）では、「企業秩序に違反する行為があった場合には、その違反行為の内容、態様、程度等を明らかにして、乱された企業秩序の回復に必要な業務上の指示、命令を発し、又は違反者に対し制裁として懲戒処分を行うため、事実関係の調査をすることができることは、当然のことといわなければならない」と判示されています。

　その反面として、ハラスメントの目撃者は、「調査対象である違反行為の性質、内容、当該労働者の右違反行為見聞の機会と職務執行の関連性、より適切な調査方法の有無等諸般の事情から総合的に判断して、右調査に協力することが労務提供義務を履行する上で必要かつ合理的であると認められ」る場合に調査協力義務を負います。

　目撃者となった従業員は無条件に広範な調査協力義務を負うわけではありませんが、富士重工事件で判示されているような要件を満たせば、会社が目撃者となった従業員に対し、調査に協力するように業務命令を出すことはできます。例えば、就業時間内に起こったハラスメントを目撃したとされている場合はもちろん、職場のメンバーでの懇親会におけるハラスメント言動を目撃した場合でも、調査協力義務を負うと解釈できるでしょう。

2　不利益取扱いの禁止

　とはいえ、実際に、目撃者に対し、ヒアリングを始めたものの、目撃者の口が重く、重要な供述が得られない場合があります。とくに、ハラスメント行為者が目撃者の直属の上司であったりして、その目撃者の人事評価に携わっている場合など、ハラスメント行為者に不利な証言をすることを躊躇することが考えられます。

　そのような心情は、ヒアリング担当者としても理解できるところでもあり、これ以上目撃者に負担をかけることはできない、と考えて、引き下がってしまいがちです。しかし、ヒアリング担当者としては、被害者の職場環境の改善や、再発防止という目的に立ち返って、目撃者が協力義務を履行してくれるよう、積極的な働きかけをすべきです。

　そのため、目撃者を事情聴取するにあたっては、次の3つの重要なポイントを盛り込んだ説明書を交付しておくと便利です。

① 調査協力への依頼の意図を伝える

　まずは、「何のためにどのような調査を行っているのか」「その調査の中で、目撃者の供述がどのように役立つのか」ひいては、「調査やヒアリングが職場環境の改善にとって重要なことである」ということを伝えて、協力を促すことがよいでしょう。

　ただし、事案の内容やこれまで誰がどのような供述をしているかといったことまでつまびらかに説明する必要はありません。そのような説明をすることで、かえって目撃者の供述内容が他の者に迎合する等して歪められるおそれもありますし、情報が必要以上に拡散されるおそれもあります。必要最小限の説明に留め、事情聴取の協力の必要性を説明するのがよいでしょう。

② 不利益取扱いの禁止

　法令上、ハラスメント調査に協力したことを理由とする不利益な取扱いは禁止されています（労働施策推進30の2②、雇均11②、育児介護25②）。具体的には、目撃者がハラスメント調査に協力したことを理由として、解雇したり、昇進を止めたり、人事考課で不利益な査定をしたりすることが禁止されます。

　目撃者には、このような法令の保護があることを周知しましょう。また、ハラスメント行為者に対しても、このような法令があることを伝えましょう。その上で、目撃者に対しハラスメント申告者や目撃者に対する報復行為をとることは許されないことをすでにハラスメント行為者に説明していることを伝えて安心してヒアリングに協力してもらうようにしましょう。

③ 秘密の厳守を伝える

　それでもなお、目撃者は、自らの供述内容が、自身の人事評価をする等強い影響力を持っているハラスメント行為者に伝わり、次は自分がハラスメントの被害者になるのではないか、嫌がらせを受けるのではないかと心配して、口が重くなってしまうことが考えられます。

　このような心配を解消するために、目撃者の供述内容や、そもそもヒアリングに応じたこと自体も、秘密として厳守することを前提としてヒアリングに応じてもらうという策もあります。また、ハラスメント行為者に情報を開示する場合は、再度目撃者に説明をして同意を得てからにすることを説明することも大事です。

〔山浦美紀〕

　別の視点から　　情報開示への同意を事後的に取り付ける方法

　目撃者が、「ハラスメント行為者にはヒアリングを受けた事実を伝えない」という前提で、ヒアリングに協力してくれた場合でも、事後的に、ハラスメント行為者へ供述内容を開示することに協力をしてくれないかと依頼することもあります。例えば、他の客観的証拠や、他の目撃者の供述と合わせて、ハラスメント認定に至りそうだという心証をもった段階で、目撃者の供述内容をハラスメント行為者に伝えて、事実関係を認めるのか否かや、どのような弁解をするのかを確かめたい、といった場合です。

　この段階に至れば、目撃者に対して、ハラスメント事後対応の見通しについて、例えば、ハラスメント行為者は異動になる見込みであるといったことを伝えることができる場合もあります。これを説明することで、目撃者が、自分の身の安全を確保できたと考え、ハラスメント行為者への供述内容の開示に同意をしてくれる可能性もあります。

　目撃者が、当初から供述内容の開示に同意をしてくれればベストですが、それが難しい場合には、相手方に開示ができない供述も含め、広く情報収集をすることを最優先にし、ある程度心証が固まった時点で、重要な供述に絞って、ハラスメント行為者への開示に対する同意を求めていく、といったやり方も、念頭においておくとよいでしょう。

〔大浦綾子〕

【27】　ハラスメントの被害申告者を、被害者ではなく、逆にハラスメント行為者であると認定して調査を進めることはできる！？

　ハラスメントの被害申告者とハラスメント行為者のヒアリングをしたところ、被害申告者が、ハラスメント行為者に対してパワハラめいた発言をしているようだった。そのため、逆転して取り扱って、被害申告者をハラスメント行為者と認定して調査を続けてもよいか。

POINT	・ハラスメント調査は、各会社の整備したハラスメント規程に則った方法で行う。

誤認例	調査の中でハラスメントの被害申告者からハラスメントの行為者へのハラスメント行為があると判明した場合には、調査の流れもあるので、被害申告者と行為者を逆転して取り扱って、そのまま調査を進めてもよい。

本当は	調査の中でハラスメントの被害申告者からハラスメント行為者へのハラスメント行為があると判明した場合でも、逆転して被害申告者をハラスメント行為者と取り扱ってよいものではない。一旦、その調査を終え、ハラスメントの該当性の有無を判断してから、別途、当初のハラスメント行為者を被害申告者とするハラスメントの調査を行うべきである。

解　説

1　ハラスメント行為者の供述から判明した新たな事実の取扱い

　ハラスメント調査の進め方は、各会社のハラスメント規程に則って進めます。ハラスメント被害を受けたとの申告や相談をきっかけとして、調査が開始される例が多いものです。

　ヒアリングの順番は、「相談者→相手方→目撃者（等の第三者）」となることが一般

的です。口裏合わせのリスクがある際は、「相談者→目撃者（等の第三者）→相手方」の順番に行うこともあります。

　このような順番でヒアリングをしている際に、ハラスメント行為者が被害申告者の申告対象となったハラスメント行為を否定することもよくあります。他方で、本設例のように、逆に、ハラスメント行為者とされた者が、被害申告者からハラスメントを受けているという供述をすることも稀ではありません。つまり、ヒアリングの過程で、被害者と加害者が逆転しているのではないかと思われる供述が出てきた場合、どのように調査や事後対応を進めればよいでしょうか。

2　ハラスメント規程に則った取扱いを

　ハラスメント規程では、事後対応のフローが規定されていることが一般的です。被害申告者から申告がなされたハラスメントについて、事実関係を認定し、ハラスメント該当性の有無を判断し、調査結果を相談者や相手方に通知し、必要に応じて、再発防止策や行為者の懲戒処分を検討する運びとなります。

　したがって、このような流れの中で、突如、被害申告者と行為者の立場を逆転して、被害申告者をハラスメント行為者と取り扱って調査を進めることは想定されていません。

　やはり、まず、被害申告者からの申告内容について事実認定をし、会社のハラスメント規程におけるハラスメントに該当するか否かを判断して、結論を出すべきです。

3　新たに判明した被害申告者から行為者へのハラスメントへの対応

　ヒアリングの中で新たに判明した被害申告者から行為者へのハラスメント行為については、行為者（新たに判明したハラスメントの被害者とされる者）から、ハラスメントの被害申告を行うのかの意向も聴取して、別途の案件として調査を行うべきです。その際、先行していた案件のヒアリングで得られた供述は、新たなハラスメントの事実認定にあたって、参考となる事情として用いればよいでしょう。

　このように、別途のハラスメント被害申告案件として処理せず、先行していた案件の中で、被害申告者と行為者を逆転して取り扱ってしまうと、先行するハラスメントの調査が不十分であるといわれてしまったり、相談したことを理由とする報復（不利益取扱い）であるとの批判を受けるリスクがありますので、注意をしましょう。

〔山浦美紀〕

別の視点から　なぜ被害申告者が逆転して行為者になるのか

　本設例のような被害申告者と行為者の逆転は、主に、パワハラの申告で起こる現象です。

　パワハラの要素である「優越的な関係」は、上司・部下のみならず、年齢、経験値、部署間の力関係等、様々な格差があるところで生じる関係性であるため、部下が被害申告をしたが、実は上司の方が被害者であったということがあり得るのです。

　お互いに、自分こそが被害者であると感じている異常な状況を解消していくには、どちらが被害者であると会社として認定するだけでは足りません。むしろ、そのような断定が状況を悪化させることもあるでしょう。双方の言い分を聴き、こじれた関係を修復するための方策（適切な人事配置・コミュニケーションを図る方策等）を検討する必要があります。

〔大浦綾子〕

【28】 関係者が既に退職している場合は、ヒアリングを諦めるしかない！？

ハラスメント調査を進めているところ、既に退職してしまった関係者が、当該ハラスメントに関する重要な情報を持っているようだった。当該退職者からもヒアリングをすることができるか。

POINT	・一般論として、退職者は、会社に対して調査協力義務を負わないため、任意の協力を求めることになる。

誤認例	関係しそうな退職者には、ひとまず打診をしてみて、非協力的であれば聴取はできないが、協力的であれば、調査対象案件について知らせた上でヒアリングを行えばよい。

本当は	ヒアリングの必要性が高い場合には、退職者に対して、任意にヒアリングに応じるよう、説得を試みるべきである。ヒアリングを実施する場合には、退職者から守秘義務の誓約書を提出させた上で、開示する事実関係はできるだけ限定するべきである。

解　説

1　どのような場合に退職者からのヒアリングが必要か

（1）　相談者（ハラスメント被害申告者）が退職している場合

相談者が、退職後に初めてハラスメント申告をしてくるとか、ハラスメント調査の途中で相談者が退職してしまうといったケースはままあります。セクハラの最高裁判例として著名なL館事件（最判平27・2・26判時2253・107）でも、被害申告は被害者の退職後になされています。

この場合に、相談者が退職した以上、調査を開始ないし続行する必要がないと考えてしまうのは早計です。

会社としては、同じハラスメント行為者によるハラスメントや、同種のハラスメント問題が再発することを防止するため、あるいは、相談者からの労災申請や民事損害

賠償請求に対して適切に対応できるように備えるために、事実調査を続行することが必要となる場面が多いでしょう。

（2）　相手方（ハラスメント行為者）が退職している場合

相手方が、ハラスメント調査が完了する前に退職するということも起こり得ます。

この場合にも、相談者からの労災申請や民事損害賠償請求に対して適切に対応するために、事実調査を続行する必要があります。また、ハラスメントの要因（例えば、当該職場の過大なノルマ、ハラスメントを見て見ぬふりをする職場の雰囲気等）を分析しておくことは、別の行為者によるハラスメントを防ぐためにも有効です。

（3）　目撃者その他の第三者が退職している場合

本設例のように、相談者と相手方は在職中だが、ハラスメントに関する重要な情報を知っている第三者が退職をしてしまう、という場合です。

この場合には、両当事者が在職し続けているわけですから、ハラスメント調査の続行が必要であり、会社としては、退職者にヒアリングをしたいと考えることが多いでしょう。

2　退職者の立場

それでは、これらの場合に、退職者に会社が実施する調査に協力してもらえるのでしょうか。また、退職者に調査にかかる事実関係を開示してかまわないでしょうか。

（1）　任意の協力を促すべき

一般論としては、退職者は、会社に対して調査協力義務を負わないと解さざるを得ません。なぜなら、労働者に一定の調査協力義務があると判示した富士重工事件（最判昭52・12・13判時873・12）は、管理職の立場にあるものは、労務提供義務の履行そのものとして、調査協力義務を負うとし、相談者・行為者・目撃者は労務提供義務を履行する上で必要かつ合理的である場合に調査協力義務を負うとし、いずれも会社に対して労働者が労務提供義務を負っていることを前提としているためです。この義務が、退職後も残存するという見解もあり得るものの、その根拠となる判例は見当たりません。

もっとも、就業規則上、退職後にも在職時と同様にハラスメント調査に協力する義務を負うことを規定しておけば、合理的な内容として民事上は有効な合意であり、会社に対し調査協力義務を負うと考えます。ただ、この場合も、違反した退職者を懲戒に処することはできませんし、それ以外の制裁も現実的に奏功する見込みは低いと言わざるを得ません。

したがって、実務的には、会社としては、退職者に対して任意の協力をするよう、

説得する他ないと考えます。

　説得の仕方としては、個別事案によりますが、例えば、退職した相談者に対しては、「あなたの被害回復に協力したい、再発防止に協力してもらいたい」といったこと、目撃者等に対しては「被害回復や再発防止に協力してもらいたい」といったこと、相手方に対しては、「あなたに対する被害感情を悪化させないため」とか「あなたに対する損害賠償請求訴訟等が提起されるおそれもあるため」といった言い方も考えられます。

（2）　守秘義務の誓約書を提出させるべき

　ヒアリングの際には、退職者にハラスメント調査に関連する情報（相談者や相手方は誰か、相談内容はどのようなものか等）を一定開示することになります。これらの情報は、企業秘密や個人情報を含みますから、在職中であれば、当然に守秘義務を負います。これに対し、退職後の守秘義務については、明示の根拠が必要とする見解もありますから、就業規則等に、退職後の守秘義務が規定されていれば安全です。

　もっとも、退職後の守秘義務がどこまで有効かという議論もある上に、違反に対する制裁が奏功しない点は上述（1）と同様です。

　そこで、実務的には、退職者に改めての注意喚起をするために誓約書を提出させる、けん制のために無用な口外は名誉棄損行為に当たり得ることの警告をしておく、といった対応をした上で、情報開示を必要不可欠な範囲に限定しつつ、ヒアリングを進めるべきです。

〔大浦綾子〕

【29】　役員がハラスメントの行為者であるときは社内で処分することは難しい！？

　代表取締役といった会社の主要な役員からハラスメントを受けたという相談があった場合、どのように調査を進めるのがよいか。また、どのような処分をすることができるか。

POINT	・事業主（個人事業主であればその本人、法人であれば、その役員）によるハラスメント行為についても、会社は措置義務の履行として、相談を受け付け、調査を行い、再発防止策を講ずる必要がある。

誤認例	役員がハラスメント行為者である場合には、実際上、相談や調査を進めることも、処分をすることも難しいため、相談者に、なるべく役員に接触しないようにするとか、役員の言動への耐性をつけてもらう等の努力を求めるしかない。

本当は	役員がハラスメント行為者である場合には、その役員を除いた他の役員等が相談や調査にあたり、措置義務の履行をしなければならない。処分については、就業規則の適用がない役員の場合には、役員会等でしかるべき処分を決定すべきである。

解　説

1　役員によるハラスメントも措置義務の対象である

　事業主（個人事業主であればその本人、法人であれば、その役員）によるハラスメント行為がなされた場合も、会社は措置義務の履行として、被害申告者からの相談を受け付け、調査を行い、再発防止策を講ずる必要があります。ハラスメント関係指針においても、ハラスメント行為者が事業主（法人であれば役員）そのものである場合に措置義務の履行が免除されているわけではなく、役員によるハラスメントも措置義務の対象であることが明記されています（例：パワハラ指針4「事業主は、当該事業主が雇用する労働者又は当該事業主（その者が法人である場合にあっては、その役員）

が行う職場におけるパワーハラスメントを防止するため、雇用管理上次の措置をとらなければならない」）。

　したがって、役員によるハラスメントも、従業員間のハラスメント事案と同様に、措置義務を履行しなければならないことに変わりはありません。

2　代表取締役以外の役員がハラスメント行為者として申告された場合
（1）　調査の方法
　代表取締役以外の役員がハラスメント行為者として申告された場合には、それ以外の役員が担当者となり、調査を進めましょう。たとえば、平取締役がハラスメント行為者として申告された場合には、それより職位が上位にあたる専務取締役や代表取締役が調査を担当をするのがよいでしょう。ヒアリングがやりにくい場合には、外部の専門家（弁護士や社会保険労務士等）に依頼をして調査を進めるのがよいと思われます。

　ただし、当該役員と外部の専門家（顧問弁護士や顧問社会保険労務士等）が懇意であるケースもあるかと思われます。その場合には、中立性を保つためにも、利害関係のない外部の専門家に調査を依頼するべきです。
（2）　処分の方法
　調査の結果、ハラスメントが認められた場合の取締役としての責任追及としては、役員報酬を減額するとか、解任するといったことがあり得ます。これらを実施するには、会社法に則った決議が必要です。あるいは、当該役員に、辞任や報酬減額への同意をするよう勧告するといったこともあり得ます。

　なお、加害者が、従業員兼務取締役であった場合には、従業員として就業規則の適用もありますから、就業規則にしたがって、懲戒処分を検討することになります。

3　代表取締役がハラスメント行為者として申告された場合
（1）　調査の方法
　代表取締役がハラスメント行為者として申告された場合には、人事担当取締役等、ハラスメント対応の責任部署の役員が担当者となり調査を進めざるを得ません。ヒアリングの担当者については、役員や従業員が行うことは困難であると思われますので、外部の専門家（弁護士や社会保険労務士等）に依頼をして調査を進めるべきです。もちろん、代表取締役と懇意にしている外部の専門家（顧問弁護士や顧問社会保険労務士等）に依頼することは中立性を疑わせるため、不適切です。
（2）　処分の方法
　調査の結果、ハラスメントが認められた場合には、代表取締役としての責任追及と

しては、役員報酬を減額するとか、解任するといったことがあり得ます。これを実施するには、会社法に則った決議が必要です。あるいは、取締役会での協議により、代表取締役に、辞任や報酬減額への同意をするよう勧告するといったこともあり得ます。

（3）　一人株主のオーナー会社や個人事業主の場合

代表取締役が一人株主であり、取締役会も設置されていないような小規模な会社や個人事業主であれば、従業員が代表取締役や事業主からのハラスメントの相談をしづらいものと思われます。かといって、部下から「代表取締役（事業主）からハラスメントを受けている」旨の相談を受けた上司が何も対応せずに放置した場合には、措置義務違反となります。また、放置したことにより、従業員に損害が発生した場合には、当該上司が責任を負うこともあります。社内で対応が難しい場合には、社外の専門家（弁護士等）に上司が個人的に相談するなどせざるを得ないと考えます。

〔山浦美紀〕

別の視点から　　ハラスメント研修を役員に受けさせたい

ハラスメント研修を企画する部署の担当者が、「役員にこそ、ハラスメント研修を受講してもらいたい」という希望を持っている場合もあります。その背景には、役員のハラスメント防止意識が低いという担当者の実感があります。

そのような場合には、役員向けに、短時間のレクチャーをします。ハラスメント研修のダイジェスト版を実施するイメージです。その目的としては、「これから全社で実施するハラスメント研修の概要を知っておいてもらいたい。その上で、社員にハラスメント研修を実施するにあたり、役員からトップメッセージを発信してもらい」と説明することもあります。

レクチャーを受けてもらうことが大切ですが、その後に、役員自らの言葉で、社員にハラスメント防止の重要さを語り掛けてもらうことも、役員にハラスメント防止の意識を持ってもらうために有意義であると考えます。

〔大浦綾子〕

第 4 章

事実認定・ハラスメント該当性判断・
懲戒処分をするときの落とし穴

110

【30】　ハラスメントが起こった日時や場所があいまいな場合は、ハラスメントの認定をすることはできない！？

　ハラスメントを認定するにあたり、5W1H（いつ、どこで、誰が、何を、なぜ、どうした）がすべてはっきりしている必要はあるか。ハラスメントが起こった日時や場所があいまいでも、行為に具体性があれば、認定してもかまわないか。

POINT	・訴訟においては、事実があったと認定されるためには、セクハラを受けたといった抽象的な供述では足りず、具体的かつ詳細な供述が必要である。

誤認例	日時や場所があいまいな場合には、ハラスメントを認定することができない。

本当は	日時や場所があいまいな場合であっても、ハラスメントの内容に関する供述が具体的であり、行為が特定できれば、ハラスメントを認定できる場合がある。ただし、場所については、概括的にでも記憶しているはずであり、概括的な場所すらはっきりしない場合には、ハラスメント行為自体の記憶があいまいであるというおそれも考慮する。

解　説

1　認定すべき「ハラスメント」とは

　会社におけるハラスメントの定義は、就業規則やハラスメント関連規程、懲戒規程等によって定められているのが一般的であり、各社におけるハラスメント対応は、自社のこれらの規程に定められたハラスメントの定義に該当する言動があったかという観点から進めなければなりません。

　会社のハラスメント関連規程は、ハラスメント関連法上の措置義務の履行として制定されていることが前提ですので、各社のハラスメントの定義規定も、ハラスメント関連法やハラスメント関係指針と同一の内容で設けられていることが多いものです。

　ただし、法令よりも広い範囲の行為を「ハラスメント」「ハラスメント等」「迷惑行為」といった用語で規定している場合もあります。

　ハラスメント認定が問題となった際は、まずは、各社において自社の「ハラスメント」は何か、その定義をきちんと確認しましょう。

　その上で、その定義を満たす言動がなされているかについて、ハラスメント調査において収集した証拠に基づき、事実認定を行いましょう。

2　日時や場所がはっきりしていない場合

　以下では、セクハラについて、男女雇用機会均等法11条に定められた措置義務の対象となる「セクシュアルハラスメント」と同一の定義がされている会社を想定して解説します。

（1）　何を認定すべきか

　調査の結果、日時や場所がはっきりしなくとも、たとえば、セクハラであれば、「職場における性的な言動に対する他の従業員の対応等により当該従業員の労働条件に関して不利益を与えること又は性的な言動により他の従業員の就業環境を害すること」という要件を満たす言動が認定できれば、ハラスメント認定はできます。

（2）　セクハラの特殊性

　とくに、セクハラは、密室で行われることが多く、目撃者もおらず、セクハラ行為があったことを立証する手段としては、被害申告者の記憶に基づく供述のみということもあります。

　この点、セクハラに関する著名な最高裁判例であるL館事件（最判平27・2・26判時2253・107）では、言動によるセクハラ行為について、日時の具体的な特定をしないものの、言動の内容を判決書の別紙において、具体的かつ詳細に特定しています。「俺のん、でかくて太いらしいねん。やっぱり若い子はその方がいいんかなぁ。」等、自らの不貞相手に関する性的な事柄や自らの性器、性欲等について殊更に具体的な話など、極めて露骨で卑わいな発言が記載されています。

　日時については、「平成23年12月下旬」といった特定はしているものの、行為によっては、「平成23年」とか「平成23年秋頃」といったかなり広い範囲での日時の特定がなされています。

　他方で場所については、「精算室」「休憩室」といった特定がなされています。

（3）　日時と場所の違い

　日時は、「何年何月何日何時何分」という記憶がはっきりしないことも多いでしょう。他方で、「場所」については、概括的にでも記憶しているはずですので、これすらあや

ふやな記憶である場合には、ハラスメント行為自体の記憶があやふやであることが多いでしょう。ただし、初めて行った場所や交通機関で移動中に起こった出来事である場合には、地名や住所まで記憶していないとしても不自然ではなく、「○○への移動中の車両の中で」といった程度でも特定としては十分でしょう。

（4）　供述態度等も含めた合理的な判断を

訴訟における事実認定では、客観的証拠がなくとも、供述が具体的かつ詳細であれば、信用性が認められる傾向があります。

ハラスメントの事実認定にあたっては、被害申告者の記憶に基づく真摯な具体的かつ詳細な供述がある場合には、それが日時場所の記憶が欠けているというだけで、ハラスメントの事実を認定できないと即断するようなことは慎まなければなりません。

〔山浦美紀〕

別の視点から　　具体性を引き出すヒアリングのコツ

ヒアリング対象者が、過去の出来事が起こった日時を詳細に覚えているとか、手帳に日時を記録している、といったことは、むしろ稀です。

対象者が、時期は記憶していないと供述する場合に、ヒアリング実施者が、「いつの出来事か？」「覚えていないのか？」と漠然と質問を繰り返すことは不毛です。ヒアリング実施者が、客観的に日時がわかっている出来事を起点に「その出来事の前に起こったのか？後か？」と質問すると、ある程度時期を絞れることがあります。「○○さんが部署に異動してくる前か後か？」「○○との取引が開始する前か？後か？」といった具合です。または、「季節はいつか？どんな服装をしていたか？」と質問することでも絞り込みは可能です。

ヒアリング実施者が、可能な範囲で事情を把握しようとする姿勢は、ヒアリング対象者との信頼を築くためにも重要であると考えます。

〔大浦綾子〕

【31】 ハラスメントの被害申告者と行為者とされている従業員の証言が対立して真偽不明であるときは、被害申告者を優先してハラスメントを認定する！？

ハラスメント事案の調査を進めたところ、ハラスメントの被害申告者と、ハラスメント行為者とされている従業員との言い分が真っ向から対立している。ほかに目撃者などもいないため、真偽不明の状態である。このように、ハラスメントの事実認定が困難な場合は、どのように対処したらよいか。

| POINT | ・証言が対立していても、証言の信用性を検討した上で、事実認定できる場合もあるが、それも困難であれば真偽不明となる。 |

| 誤認例 | 真偽不明の場合には、疑いを晴らせなかったハラスメント行為者側に不利に解して、ハラスメントを認定すればよい。 |

| 本当は | 真偽不明の場合には、事後に見込まれる関係者と会社との間の訴訟における立証責任の分配との関係で考え、「疑わしきは罰せず」を基本として、ハラスメントは認定できないと判断すべきである。 |

解　説

1　双方の言い分が異なる場合の事実認定

ハラスメントの被害申告者と相手方双方の言い分が真っ向から異なる場合には、どちらの言い分に信用性があるかを判断することになります。この言い分の信用性の判断は、事後に見込まれる関係者から提起される裁判との関係で考えて、裁判での事実認定に用いられる手法に従うべきです。

（1）　客観的な証拠との一致を探る

まずは、どちらの証言が客観的な証拠と一致しているかを探りましょう。ハラスメントの言動そのものを撮影や録音した動画や録音証拠、ハラスメント言動が含まれるメール・SNSメッセージ・手紙等が客観的な証拠となります。もっとも、これらの客観的な証拠において、ハラスメント言動の一部分だけが切り取られている場合もあり

ます。たとえば、ハラスメント言動の前に、ハラスメントの被害申告者からハラスメント行為者とされている従業員に対し、挑発的な言動がなかったのか、全体としての会話の文脈の中でハラスメント言動がどういう位置づけにあるかということも精査すべきです。

　ハラスメント言動そのものの客観的な証拠がない場合であっても、ハラスメント直後の言動に関する客観的証拠、たとえば、被害後のメールやSNSメッセージ、診断書といったものも間接証拠になります。

　セクハラ事案で、相手方から被害を受けた直後に関係者に相談をしたメールやSNSメッセージ、暴力により怪我をした場合の診断書がこれに当たります。ただし、これらは直接証拠とは異なり、ハラスメントの被害申告者の主観的な言い分が取り入れられている場合があることに注意を要します。診断書は、怪我をしていること自体の証拠にはなりますが、その怪我がハラスメント行為者の暴行によるものかを直接証明するものではありません。

（2）　目撃者等の第三者の証言との一致を探る

　客観的な証拠がない場合、目撃者等の第三者の証言と一致しているかを探りましょう。たとえば、ハラスメント言動が行われたその場に居合わせた他の従業員の証言は重要です。また、ハラスメント行為者とされている従業員から同種のハラスメント言動を受けた類似の被害者の証言も重要です。

　しかし、目撃者等の第三者が、ハラスメントの被害申告者あるいはハラスメント行為者とされた従業員のどちらか一方に親しい関係にあった場合には、第三者の証言の信用性の精査に注意が必要です。とくに、第三者がハラスメント行為者である上司に遠慮をしたり、会社内での自分の今後の立場が不利にならないよう、事実を話さない、事実とは異なる証言をするということもあり得ます。第三者の供述を精査する場合には、当事者との関係性にも注意が必要です。

2　真偽不明の場合

　客観的な証拠や目撃者等の第三者の証言を精査しても、ハラスメントの被害申告者が申し出たハラスメントの真偽が不明である場合もあります。ハラスメントがあったとも、なかったとも認定できない状態になるということです。会社は、検察や警察といった捜査機関とは違い、強制的に証拠を出させたりする権限はありませんから、会社が行う調査にはおのずと限界があります。

　このような真偽不明の場合は、事後に見込まれる裁判との関係を考慮して、事実認定をすべきでしょう。

　事後に見込まれる裁判とは、具体的には、会社に対する、ハラスメント行為者から
の懲戒処分無効確認訴訟や、ハラスメントの被害申告者からの損害賠償請求訴訟です。
ハラスメントの事実が認定できるだけの証拠を収集できず、真偽不明であるにもかか
わらず、ハラスメント行為者を懲戒処分した場合には、会社が立証責任を負う懲戒事
由該当性を立証できず、会社が敗訴する見込みが高いでしょう。他方、ハラスメント
認定しなかったことが被害申告者の意向に反するとして、被害申告者から損害賠償請
求訴訟が提起されても、会社の調査で真偽不明であれば、おそらく被害申告者も自ら
立証責任を負う違法行為（ハラスメントの事実）を立証できないことから、会社が敗
訴するリスクは小さいでしょう。

　したがって、真偽不明の場合には、事後に見込まれる裁判との関係を考慮して、「疑
わしきは罰せず」を基本として、ハラスメント行為は認定できないという結論をとる
べきでしょう。

〔山浦美紀〕

別の視点から　　密室でのハラスメントは真偽不明でも事後対応を検討する

　密室でのハラスメントは、いくら被害申告者が真実らしく説明したとしても、目撃者
がおらず、客観的記録も残されていないために、会社として、これを認定することがで
きない場合もあります。

　だからといって、密室で起こったことは相談しても無駄、あるいは、会社としてどれ
だけヒアリングを積み重ねても徒労に終わる、というわけではありません。

　真偽不明となった被害申告事実を処罰の対象とはできませんが、状況によっては、ハ
ラスメント行為者が被害申告者と密室で二人きりになったことを非難の対象とし、行為
者に注意喚起をすることはできるかもしれません。あるいは、全社向けに、ハラスメン
トの疑いを生じやすい状況は避けるようにと注意喚起をすることもあり得ます。

　ハラスメント調査の究極の目的は、ハラスメントの再発防止であるという大きな視点
をもって対応することが重要です。

〔大浦綾子〕

【32】　会社の調査の結果、事実誤認をした場合は、会社の不法行為になる！？

　会社で行った調査結果と、のちに起こされた裁判での認定事実が異なるものとなった。その場合、会社で行った調査は不法行為となってしまうのか。

POINT	・会社として十分に調査を尽くし、合理的な事実認定を行っていたかが重要となる。

誤認例	裁判所による事実認定が、会社のそれと異なるものとなった以上、会社の調査は違法となり、関係者からの損害賠償が認められる。

本当は	会社としてなし得る調査を尽くし、弁護士も関与して合理的な事実認定をすれば、不法行為とはならない。

解　説

1　会社によるハラスメント調査の限界

　ハラスメントの社内調査には、限界があります。従業員には、会社が行うハラスメント調査に対する調査協力義務がありますが、これは、協力しなければ懲戒処分を受けかねないという形での間接的な強制力を持つにとどまります。会社は、警察のように強制捜査をできるわけでもなく、裁判所のように文書提出命令を発令することもできません。

　このため、会社としてハラスメント調査に熱心に取り組んだとしても、会社の事実認定が、のちの裁判で覆されることは起こり得ます。会社の調査では収集できなかった証拠や証言が、裁判の段階で出てくることが十分にあり得るのです。

2　懲戒処分が無効とされたが、会社の不法行為責任は否定された裁判例

　会社が懲戒事由として認定した事実関係が、裁判所で認定されなければ、当該懲戒処分が判決により無効となるのは当然の帰結です。しかし、この場合であっても、誤認であった事実関係を前提とした会社の対応（懲戒処分や、これに関する社内説明等）

が、必ずしも不法行為上の違法とはならない、と判示している裁判例は複数あります。

　例えば、学校法人A学院ほか事件（大阪地判平25・11・8・労判1085・36）では、私立高校の教諭（原告）が同僚の女性教員（被害申告者）に対して暴行及びわいせつ行為を行ったとして懲戒解雇された事案ですが、判決では当該非違行為が認定されず、懲戒解雇は無効とされました。しかし、被告A学院の不法行為責任は否定されています。わいせつ行為等の疑いをかけられた原告が、供述を変遷させたり、懲戒委員会からの質問に対して記憶がないとの回答を繰り返したり等という対応をしたために、被告A学院が原告と被害申告者の供述を付き合わせてその信用性について検討することは困難である上、むしろ、かかる原告の態度が、被害申告者の供述の信用性を高める結果となっているということができるとし、「被告A学院の事実認定が、合理性を著しく欠く恣意的な判断ということはできず、また、原告の供述態度が原因で事実認定が困難となったという面もあるのであるから、本件懲戒解雇が社会的相当性を逸脱する不法行為法上違法な処分であると評価することはできない。」と判示されています。

　また、東京地裁平成29年8月8日判決（平27（ワ）36432・平28（ワ）19387）は、強姦未遂を事由として原告を懲戒解雇した事案につき、強姦未遂の事実が認められないとの理由で懲戒解雇を無効と判断しましたが、誤認に基づいて懲戒解雇をした会社の行為につき不法行為上の違法性は認められないと判断しました。女性トラブルが相次いだ原告に、企業幹部が強姦未遂の嫌疑をかけてもおかしくない状況であったこと、社内で強姦未遂事件の噂が広まっている事態を収拾するための必要性もあったこと等を斟酌し、原告を懲戒解雇した上で、社長が全店長あてに「本日X店長　素行不良にて懲戒解雇になりました。」等と連絡をしたり、原告が配属されていた店舗の全スタッフに原告の懲戒解雇の件を説明したこと等について、いささか不穏当な発言や不適切な対応も存在すると指摘しつつも、不法行為の違法性までは認められないとしています。

　その他、京都地裁平成25年1月29日判決（判時2194・131）でも、事実誤認があったとして懲戒解雇は無効とされていますが、会社が、事案の性質に照らしその方法及び態様等において十分な調査を行い、当該調査の結果得られた資料を検討した結果、誤った事実認定をした場合であっても、当該事実誤認をしてもやむをえないといえる特段の事情がある場合には、過失は否定されると解すべきとし、会社の不法行為責任は否定されています。

3　実務上の対応

　会社としては、①十分な調査を尽くすこと、および、②合理的な事実認定をすることにより、誤認に基づく懲戒処分を避けるべきですが、これらを尽くしてもなお、事

実誤認を避けられなかった場合には、不法行為責任を免れると考えます。

① まず、十分な調査を尽くすためには、就業規則等において従業員の調査協力義務を明文化しておくことが望ましいです。また、会社として、関係者に対し、不利益取扱いをしないことやプライバシー保護を徹底することの約束をして、積極的な調査への協力を促す姿勢も重要です。ヒアリング等を担当する者に対する信頼があって初めて、関係者からの真摯な証言を得ることができるものです。

② 次に、合理的な事実認定と言えるためには、裁判官の手法に従う必要があります。裁判官と同じ視点で、証拠の信用性の高低、間接事実からの推認の在り方を検討するべきであり、このようなときこそ、弁護士が関与すべき場面となります。弁護士に事実認定を委ねることを強く推奨しますし、そうでなくとも、弁護士からの助言を受けて事実認定を実施する必要があると考えます。

〔大浦綾子〕

別の視点から　ハラスメント調査を担当した調査員の不法行為責任

　上記解説では、会社の調査が不法行為となるかといった視点からの考察がなされていますが、実際に、関係者のヒアリングや調査を担当した調査員個人が不法行為責任を負うかということも問題となります。

　この点、ヒアリング結果を不用意に外部に漏洩したとか、ヒアリングの際に脅迫的・侮辱的な言動をしたといったことがあれば、それ自体が不法行為になることはあり得ます。

　しかし、上記解説のように、十分な調査を尽くし、合理的な事実認定をした場合、その結果が、裁判の結果と異なることとなっても、ただちに、調査員個人が不法行為責任を負うことはないと考えられます。

〔山浦美紀〕

【33】　懲戒処分に無効の判決が出されたら、一事不再理のルールがあるため懲戒処分をすることはできない！？

　ハラスメント行為の加害者と認定された従業員に懲戒解雇処分を科したところ、加害者から、その処分が重すぎ無効であるとして、従業員の地位確認訴訟が提起された。その結果、懲戒解雇を無効とする判決が出された場合、そのハラスメント行為に対しては、会社はどのような処分もできないのか。

POINT	・懲戒解雇が無効となれば、当該従業員は、職場に戻ってくることになるため、改めて、ハラスメント行為者に対する措置としての必要な懲戒その他の措置を講ずることを検討する。

誤認例	一事不再理のルールがあるため、再度の懲戒処分はできず、懲戒処分以外の措置を検討する。

本当は	懲戒解雇が重すぎるとして無効となった場合に、より軽い懲戒処分をすることは、一事不再理のルールに反しないため、懲戒処分の必要性・相当性があれば、改めて処分をすることができる。

解　説

1　ハラスメント行為に対する懲戒処分

　一般に、ハラスメント行為に基づく懲戒処分を行う際には、以下の点に注意しなければなりません。

① 　当該ハラスメント行為が就業規則・ハラスメント規程・懲戒規程に定められた懲戒事由に該当すること。

② 　懲戒対象行為に対し、処分内容が重すぎないかという点を考慮すること。この場合、過去の社内における懲戒事例と比較対照する必要がある。

③ 　就業規則に定められた手続（懲戒委員会等における審議、懲戒対象者の「弁明の機会の付与」等）を適正に実践すること。

④ 　処分の軽重の判断に当たり、ハラスメントに対し、昨今、世間の厳しい目が向い

ている点も考慮に入れること。

　本設例は、②の問題、つまり、懲戒処分の相当性が論点となり、無効と判断されたというものです。

2　懲戒処分の相当性

　懲戒処分の相当性の判断にあたっては、行為の性質・態様や、懲戒処分対象者の職場での立場、懲戒処分対象者が過去に受けたハラスメント防止研修、ハラスメント等の言動に対する注意指導の履歴、懲戒処分の履歴等を考慮して、相応な処分を検討します。

　この際、社内での処分の公平性も要請されますので、過去の社内の懲戒事例を参考にし、「同種行為に対しては、同等の処分」がなされるようにしましょう。したがって、社内の懲戒処分事例については、懲戒事由に該当する行為と、懲戒処分内容を一覧できるデータベースを作成しておくべきです。

　軽微なハラスメントに対して、重い懲戒処分をした場合には、処分の有効性が争われ、裁判で無効と判断されることもあります。

　セクハラ行為による処分の相当性が最高裁まで争われた事案としてL館事件（最判平27・2・26判時2253・107）があります。言動のみのセクハラの事案でしたが、最高裁が判決に別紙を添付し、「夫婦間はもう何年もセックスレスやねん。」「でも俺の性欲は年々増すねん。」等のセクハラ言動を赤裸々に事実認定した事件です。最高裁は、行為者2名に科した懲戒処分（出勤停止30日と10日）と、それを受けたことを理由に人事上の措置としてなされた降格処分を有効と判断しました。

　ハラスメントの裁判には、このような懲戒処分の有効性が争われた事案が多くありますので、懲戒処分の種類や量刑の判断の際には、参考にすべきです。とくに、ハラスメント行為については、昨今世間の厳しい目が向いており、過去の同種事例よりも、重い処分を科したいと考えることもあるでしょう。そのような、厳罰化の方針をとりたい場合には、予め、従業員に対するハラスメント防止の研修の実施等の注意喚起をしたり、会社として、以前にも増して今後はハラスメント防止に取り組み、違反に対しては厳罰でもって対応することを周知しておく必要があるでしょう。

　なお、公務員の懲戒処分の指針である「懲戒処分の指針について」（平12・3・31職職68）も、具体的な行為に対して、標準的な懲戒処分の種類を一覧にして掲げており、処分の選択の参考となります。

3　再度の懲戒処分が一事不再理に反しないか

　懲戒解雇処分が重すぎるとして無効になった場合、ハラスメント行為を認定された従業員が、何らの処分も受けていない状態で、復職することになります。これでは、会社として、ハラスメント行為者に対する措置を適正に行っていないこととなり、雇用管理上の措置義務が履行できていないことになります。

　そこで、改めて、認定されたハラスメント行為に応じた措置を検討するわけですが、再度、懲戒処分を選択することはできるのでしょうか。

　この点、懲戒処分については、同一の事案に対し、2回懲戒処分を行うことは、懲戒権の濫用として無効であるとされています。しかし、本設例の場合は、裁判でかつて行った懲戒処分が無効とされているわけですから、その懲戒処分の効力は失われています。したがって、その後、無効となった懲戒処分（本設例の場合は、懲戒解雇処分）よりも軽い、適切な内容の懲戒処分を科したとしても、一事不再理の原則に反することにはなりません。

　会社としては、懲戒解雇より軽い懲戒処分をするという選択肢も含めて、ハラスメント行為者に対する措置を実施すべきです。

〔山浦美紀〕

第 5 章

関係者へ通知やフィードバックを
するときの落とし穴

【34】　会社によるハラスメント行為者への処分に納得していない被害者から、より厳しい処分を求められた場合は、処分を再検討しなければならない！？

　ハラスメントが認定された事案において、会社としてハラスメント行為者への厳重注意指導にとどめることとした。しかし、被害者はハラスメント行為者を懲戒解雇すべきという要求に固執して、出社しない。会社はどう対応すべきか。

POINT	・ハラスメント認定した事案においては、会社は、速やかに被害者に対する配慮のための措置と、ハラスメント行為者に対する措置を適正に行うべきである。

誤認例	ハラスメント行為者に対する措置を行うにあたって、被害者の意向は尊重されるべきであり、会社としては、より厳しい処分や解雇を再検討しなければならず、その検討期間の被害者の欠勤は正当なものと扱わなければならない。

本当は	会社は、被害者の意向のほかに、ハラスメント行為者の改善可能性や、過去の社内処分例との公平を考慮した上で、解雇や懲戒処分を決定するもので、被害者の意向のみに応じた処分をするものではない。会社がハラスメントの事後対応を適正に実施している場合に、被害者が出社を拒否し続ければ、被害者の懲戒処分や解雇を検討することになる。

解　説

1　ハラスメント認定後に会社が行うべき措置について

　ハラスメント関係指針によれば、会社は、各種「ハラスメントが生じた事実が確認できた場合」には、「速やかに被害者に対する配慮のための措置を適正に行うこと」と、「行為者に対する措置を適正に行うこと」が求められます。

　それでは、本設例で論点となっている懲戒処分といった処分は、「被害者に対する配慮措置」と、「行為者に対する措置」のどちらに位置付けられるものでしょうか。

　本来的には、「行為者に対する措置」に位置付けられます。ハラスメント関係指針においても、「行為者に対して必要な懲戒その他の措置を講ずること」は、「ハラスメント行為者に対する措置」の一例として挙げられています。

　懲戒処分等の処分は、被害者への配慮という目的というよりは、より広い職場秩序の維持という観点から、実施を検討すべきものと考えられます。このように考えれば、ハラスメント行為者の処分に、被害者の意向が反映されなかったとしても、ただちに、会社の事後対応として不十分とは言えません。

2　解雇や懲戒処分権限は会社にあること

　次に、従業員に対し、解雇や懲戒処分をする権限を有しているのは、使用者たる会社ですから、ハラスメント行為者を解雇・懲戒処分とするか否かを決めるのは、会社です。会社の決定にあたっては、被害者の意向も考慮されます。しかし、被害者の意向は、考慮事情の1つにすぎず、被害者の意向どおりの処分を会社が選択するものではありません。

3　解雇権濫用か否かの判断で重視されるのはハラスメント行為者の改善可能性

　会社は、ハラスメント行為者を解雇するかを判断するにあたっては、労働契約法16条や裁判例に照らし、解雇権濫用に当たらないかを検討します。

　その際、重視すべき事情は、ハラスメント行為者について今後の改善可能性があるか否かです。

　例えば、最近の裁判例である医療法人社団A事件（横浜地判令3・10・28労経速2475・26）は、当該法人のナンバー3の立場にあった管理職を、セクハラ言動を繰り返したことを理由として普通解雇した事案ですが、判示は、同管理職の言動について改善を期待することは困難であると述べ、普通解雇を有効としています。同管理職は、平成23年にもセクハラ行為（被害を訴えた職員が全員退職していた）について注意指導を受けたにもかかわらず、その後も繰り返し、平成29年以降も、女性職員に対し「自分に自信がないの？なんで？色も白いし、細いし、胸も普通にあるし80点くらいだと思うよ。うちに来ている患者さんと比べたら全然いいスタイルしてるでしょ。自信もっていいよ。」「俺が抱きたいと思うような女になれ。」「カウンセリングは相手を好きだと思って話せ。僕もXXさんのことを口説くつもりで今話しているんだ。」「頑張ってね」と

声を掛けながら、片手で頰に触れる等の言動に及び、平成30年の会社によるヒアリングの際には、平成23年当時と同様に、セクハラの意図がなかったなどという弁明を繰り返した、という事実が認定されています。言動の悪質性のみならず、ヒアリング時の対応から改善可能性なしとされたために、解雇が有効となった事案といえます。

　この裁判例にとどまらず、裁判所は、ハラスメント行為者に改善可能性があるかを重視し、ある場合には解雇無効と判断する傾向にありますので、いかに被害感情が強くとも、それだけをもってハラスメント行為者を解雇することはできません。

4　懲戒処分の有効要件として公平性も求められること

　会社は、懲戒処分をするか否かを判断するにあたって、労働契約法15条や裁判例に照らし、懲戒権濫用に当たらないか否かを検討します。

　懲戒権濫用とならないために、公平性の要請もあります。つまり、過去の社内での懲戒事例を参照した上で、「同種行為に対しては、同等の処分」がなされるような処分を選択すべき、という要請があるのです。

　よって、いかに被害感情が強くとも、会社は、過去の社内の先例での懲戒処分と比較して重すぎる処分を選択することはできない、という制約もあります。

5　会社に求められる事後対応

　上記1で述べたとおり、ハラスメント関係指針により、会社にて、ハラスメントが生じた事実を確認できた場合には、行為者に対する措置を適正に行うことが規定されています。ハラスメント関係指針が、その一例として「必要な懲戒その他の措置を講ずる」と示していることからも読み取れる通り、解雇や懲戒処分のみがハラスメント行為者に対する措置の選択肢ではありません。ハラスメント行為者に対して厳重に注意をすること、誓約書の提出を促すこと等もこれに含まれると言えるでしょう。よって、会社として、解雇や懲戒処分を選択しないとしても、ただちに、措置義務の不履行とはなりません。

　もっとも、ハラスメント行為者を解雇せず、両者が職場でともに働くこととなる場合には、被害者に対する配慮のための措置を、より入念に実施する必要があると考えます。ハラスメント関係指針が例示している「関係改善に向けての援助」「引き離すための配置転換」、「行為者の謝罪」等の措置を参考に実施を検討します。

6　それでも出社を拒否する被害者への対応

　会社として、調査を尽くし、事後対応を尽くしたにもかかわらず、被害者が、なお

も「ハラスメント行為者を解雇すべき」等と主張して出社を拒否するケースもあります。

　筆者としては、調査や事後対応が適法に行われていれば、被害者に対する出社命令は正当であり、それに従わない場合には業務命令違反として、懲戒処分や、場合によっては解雇も可能と考えます。

　もっとも、被害者の心情に寄り添う対応も必要です。メンタルヘルス不調が原因で出社ができないことも考えられます。出社拒否の姿勢にも、いきなり解雇に踏み切るのではなく、相談担当者が心配事を傾聴し、さらなる配慮措置を実施できないものか検討をしたり、将来に向けては被害者側の歩み寄りも必要であることを示唆する、といった機会を設けることも検討に値します。

〔大浦綾子〕

別の視点から　懲戒処分の社内公表

　従業員が懲戒処分を受けたことについて公表するか否かは、社内規定の内容に従います。社内規定がない場合には、公表する義務はなく、会社の裁量に委ねられます。

　ハラスメントによる懲戒処分を公表する意味は、同種の行為の再発防止や会社秩序の維持に資することにあります。他方で、ハラスメント事案は、関係者のプライバシーに配慮せねばならない案件が多いものです。とくに、セクハラの場合、被害者が性被害を受けたことを公表することにより、二次被害をもたらすおそれがあります。

　公表する場合には、懲戒処分に該当する行為を抽象化する（セクハラに該当する行為があった等）、対象者の氏名や所属先は開示しないといった方策が考えられます。

　なお、懲戒処分の公表については、ハラスメント事案以外にも、その公表の方法について争いとなった裁判例がありますので、それを参考として、どこまでの事実をどのように公表するかは、それぞれの事案に応じて慎重に判断すべき事項です。

〔山浦美紀〕

【35】　調査の結果、ハラスメントを認定しなかった場合は、相談者には結果のみをフィードバックすればよい！？

　会社がハラスメント調査を行った結果、「ハラスメントに該当しない」と認定した。相談者にとっては納得できる結果ではないと考えるが、相談者に伝える際に、留意すべき点はどのようなことか。

POINT	・ハラスメント調査の結果は、ハラスメントを認定した場合も、そうでない場合も、相談者に通知するべきである。

誤認例	調査結果を相談者に報告することは不可欠であり、率直に「ハラスメントに該当する事実は認められなかった」と伝える以外になく、それで、相談者が不満に思うとしても、やむを得ないことである。

本当は	会社が相談者に伝えるべき重要な事項は、相談をきっかけとして、会社としてどのような対応をとることとしたのか（あるいは、とらないこととしたのか）である。主観的にはハラスメントを受けたと感じている相談者に対して、それを否定するような伝え方をすることが適切ではない場合もある。ケースに応じて適切な伝え方を検討するのがよい。

解　説

1　ハラスメント調査の結果はハラスメント被害申告者に通知をする

　ハラスメント調査の結果は、ハラスメント認定がされたか、されなかったにかかわらず、相談者（ハラスメント被害申告者）に通知をするべきです。

　ハラスメント関係指針には、とりたてて、相談者に結果を通知すべきとの記載はありませんが、厚生労働省作成のリーフレット「職場におけるパワーハラスメント対策、セクシュアルハラスメント対策、妊娠・出産・育児休業等に関するハラスメント対策は事業主の義務です」では、「例6　相談・苦情への対応の流れの例」において、ハラ

スメントの「判定」をした後に、「本人」（相談者）への「説明」をするという流れの
フローチャートが示されています。

　また、参考までに、公益通報者保護法に基づく指針（令和3年内閣府告示118号）におい
ては、「書面により内部公益通報を受けた場合において、当該内部公益通報に係る通報
対象事実の中止その他是正に必要な措置をとったときはその旨を、当該内部公益通報
に係る通報対象事実がないときはその旨を、適正な業務の遂行及び利害関係人の秘密、
信用、名誉、プライバシー等の保護に支障がない範囲において、当該内部公益通報を
行った者に対し、速やかに通知する。」と定められています。

2　「ハラスメント該当性なし」という通知が二次ハラスメントになるか

　ハラスメント相談を受け付けて、会社が調査を尽くした結果、ハラスメント該当性
はないとの判断に至ることがあります。中立に調査や判断を実施するのですから、相
談者の認識や意向に反する結論となる場合があることは当然でしょう。

　ただ、このような結論に至ったからといって、相談者に「ハラスメント該当性は認
められませんでした」と淡々と通知をするだけでは、不十分な場合もあります。相談
者は、会社から見捨てられた等の気持ちを持つかもしれません。筆者の経験上、その
ような通知をしたことに対し、相談者から「二次ハラスメントである」との誹りを受
けた事案を見聞きしたこともあります。

　では、ハラスメント調査が、新たなトラブルを招かないために、調査の実施者とし
てどのような配慮が必要なのでしょうか。以下では、「相談者の主張する相手方の行
為は認められたが、その行為は、法的にはハラスメントに該当しなかった」という場
合を念頭におき、留意点を述べます。

3　「ハラスメント」は多義的

　相談者の主張する事実が認められるにもかかわらず、会社の判断として、ハラスメ
ントには該当しないということがあり得るのは、なぜでしょうか。それは、「ハラスメ
ント」という用語が多義的に用いられているためです。

　以下では、「ハラスメント」という言葉の用法として、考え得るものを列挙します。

（1）ハラスメント関連法上のハラスメント

　これは、ハラスメント関連法上の定義を満たす行為であり、会社は、これに対して
は、措置義務の履行を求められます。

　会社としてハラスメント該当性を検討する場合には、このハラスメント概念を念頭

においていることが多いです。

（2）　懲戒事由に該当する行為としてのハラスメント

これは、各社の就業規則にて規定されている懲戒事由に該当する行為であり、これに対しては、会社は懲戒処分の要否・是非を検討することとなります。

もっとも、懲戒処分が法的に有効となるためには、ハラスメント該当性の他、懲戒処分の相当性も必要ですから、懲戒事由に該当するハラスメントがあったとしても、必ずしも懲戒処分がされるとは限りません。

（3）　不法行為としてのハラスメント

これは、人格権侵害の違法行為に該当する行為です。

ハラスメント行為者の行為がこれに該当し、さらに、故意・過失、損害、因果関係といった不法行為の成立要件を満たす場合には、会社としても、使用者責任への対応が必要となってきます。

（4）　安全配慮義務違反におけるハラスメント

ここでは、会社がハラスメントを防止しなかったことや事後対応が不十分であることが安全配慮義務違反に該当するか、といった検討がなされます。

安全配慮義務違反行為が認められ、かつ損害と因果関係の要件を満たす場合は、会社が、被害者に対して損害賠償責任を負うことになります。

（5）　労災認定におけるハラスメント

ここでは、精神障害の労災認定基準（「心理的負荷による精神障害の認定基準について」（令5・9・1基発0901第2））において、心理的負荷が「強」と評価されるような出来事があるか、といった検討がなされます。単に、上記（1）のハラスメントに該当するというだけではなく、例えば、「上司等から、暴行等の身体的攻撃を反復・継続するなどして執拗に受けた」場合というように、付加的事情があって初めて、労災認定があり得るという点に特徴があります。

（6）　「主観的」なハラスメント

これは、法律や裁判例等で言及されている用語ではなく、筆者による造語ですが、行為を受けたものが、嫌がらせである、自己の人格を踏みにじるものである等と「主観的」に感じている言動すべてを指します。受け手が嫌だと思ったら全てハラスメントである、という素朴な言い方をする場合のそれに当たります。

主観的なハラスメントが、上記（1）ないし（6）のハラスメントに該当する場合もありますが、これらよりも広範なもの、つまり、ハラスメントに該当するか否か微妙なものや、およそ法的にはハラスメントとなり得ないものも含まれています。

4　法的にはハラスメントではない「主観的」なハラスメントに対する措置義務の内容

　上記3の(1)のハラスメント関連法上のハラスメントには該当しないが、相談者がハラスメントだとして会社に対応を求めている（つまり、同(6)の「主観的」なハラスメントに該当する場合）、会社としてどのように対応すべきでしょうか。

　まず、ハラスメント関係指針によれば、ハラスメントに該当するか否か微妙な場合でも、相談窓口としては、「広く相談に対応し、適切な対応を行うようにすること」とされていますから、基本的には、相談対応を進めます。もっとも、どれほどの時間を費やすか等は事案により異なり、濫用的な相談に対しては早期に相談を打ち切る場合もあります（【10】参照）。

　そして、ハラスメント関係指針においては、ハラスメントが生じた事実が確認できなかった場合においても、「改めて、・・・ハラスメントに関する方針を周知・啓発する等の再発防止に向けた措置を講ずること」とされていますので、相談案件のハラスメント行為者、相談案件が発生した職場、あるいは全社向けに、改めてハラスメントに関する注意喚起をしたり、研修をしたり、ということの実施が求められます。

　これに対し、ハラスメント関係指針により、相談者に対する配慮のための措置や、行為者に対する措置を実施すべきとされているのは、「ハラスメントが生じた事実が確認できた場合」に限定されていますから、「主観的」なハラスメントに過ぎない場合には、これらの措置は要請されないこととなります。もっとも、ハラスメント関連法上のハラスメントに至らないレベルであっても、職場での人間関係のトラブルを放置したことで会社が安全配慮義務違反に問われる事例（アンシスジャパン事件＝東京地判平27・3・27労経速2251・12）もありますから、会社として、トラブル解決のための双方へのアドバイスや、相談者とハラスメント行為者の接触を減らすための対応を検討すべきです。

5　相談者への通知の在り方

　会社として、ハラスメント関連法上のハラスメントに該当せず、ハラスメント行為者の配転や懲戒処分等を実施しないと判断したとしても、相談者に「あなたの言い分を調査しましたが、ハラスメントに該当しないとの結論に至りました。」と告げるだけでは、相談窓口を頼っていた相談者に対しては、冷淡に映るかもしれません。

　会社としては、ハラスメントではないから、何もしない、という姿勢ではなく相談をきっかけに、ハラスメント行為者に対する注意喚起をしたこと、職場全体での周知・

啓発を予定していること等を相談者に伝え、さらに、相手方による言動の受け止め方のアドバイスや、再度疑問に感じる場合にはいつでも相談してもらってよい旨の声掛けをしておくことが望まれていると考えます。

　また、個別事情によりますが、通知の際に「ハラスメントに該当しない」という言葉を使わずに、「本件をきっかけに行為者を配転したり懲戒処分をしたり、という判断には至らなかった」という伝え方をするという工夫もあり得ます。

〔大浦綾子〕

【36】　請求があればヒアリング記録を開示するべき！？

　ハラスメント調査における相談者のヒアリング記録の開示を、ハラスメント行為者から求められた。この場合、開示を拒むことができるか。

POINT　・ヒアリングに応じた者のプライバシーの保護と、開示請求者に十分な反論や弁明の機会を与えることとのバランスを考慮して、対応すべきである。

誤認例　原則は非開示ではあるものの、ハラスメント行為者の反論や弁明のためであれば、守秘義務を課した上で開示をするのがよい。

本当は　ハラスメント行為者の反論や弁明のため等の必要性がある場合でも、相談者の同意が得られる部分のみの開示とするとか、相談者の陳述書の開示で代える等の方法を検討すべきである。

解　　説

1　原則は非開示

　ハラスメント調査の過程で作成されたヒアリング記録（ここでは、相談者、ハラスメント行為者、その他関係者のヒアリング内容を逐語で記録したものを指します。）は、筆者は、原則非開示として対応しています。そのように考える根拠は、以下のとおりです。

（1）　ハラスメント関係指針

　ハラスメント関係指針は、ハラスメントの事後対応にあたって、会社は「相談者・行為者等のプライバシーを保護するために必要な措置を講ずる」べきであると規定しています。

　ヒアリングにて相談者・ハラスメント行為者等が証言した内容（行為の態様やそれに至る経緯等）は、ハラスメント行為の証拠として用いられるとともに、相談者・ハラスメント行為者等のプライバシーに関わる事情でもあります。例えば、セクハラを受けた被害者にとっては、行為態様が、自身のプライバシーに関わると感じることが

多いでしょう。また、ハラスメントの事実を公然と摘示することが、たとえ真実であっても、ハラスメント行為者に対する名誉毀損の不法行為となり得ることからも分かるとおり、ハラスメント行為者の社会的名誉や名誉感情に対しては、一定の配慮がなされるべきです。

したがって、ヒアリング記録については、一般に公開されるべきでないことはもちろん、相談者や相手方を含む関係者に開示をするにあたっても、プライバシーを保護する観点から原則として非開示とすべきであると考えています。

（2）　公益通報者保護法

「公益通報者保護法に基づく指針（令和3年内閣府告示118号）の解説」（令和3年10月　消費者庁）第3Ⅱ2（2）④においては、「公益通報者を特定させる事項」（公益通報をした人物が誰であるか「認識」することができる事項（公益通報者保護法指針第2））の範囲外共有（公益通報者を特定させる事項を必要最小限の範囲を超えて共有する行為をいう（公益通報者保護法指針第2）。）につき、以下のような注意喚起がなされています。「特に、ハラスメント事案等で被害者と公益通報者が同一の事案においては、公益通報者を特定させる事項を共有する際に、被害者の心情にも配慮しつつ、例えば、書面による等、同意の有無について誤解のないよう、当該公益通報者から同意を得ることが望ましい。」

これは、ハラスメント事案の被害者が通報者である場合には、通報者が誰であるかを相手方その他関係者に伝えるにあたって、通報者から書面による同意を得る等、慎重を期すように、という注意喚起です。

当該規定は、ヒアリング記録の開示の是非について直接言及しているわけではありませんが、被害者の心情に配慮するという趣旨からは、被害者のヒアリング記録を軽々しく開示するべきではないという考えが導かれます。

（3）　文書提出義務の範囲

ヒアリング記録を、関係者に開示すべきかを考えるにあたっては、これについて裁判上の文書提出義務が認められるかを検討すべきです。

この点、朝日ビルマネジメントサービス事件（神戸地尼崎支決平17・1・15労経速1927・13）は、セクハラ調査に関して会社が作成した事情聴取書について、「専ら文書の所持者の利用に供するための文書」として、文書提出義務を否定しています。また、国立大学法人茨城大学事件（東京高決平24・11・16労判1102・9）は、調査報告書の性質について、被聴取者の評価・意見等を述べた部分を含んでいることを指摘し、当該部分は、「秘密が守られることを前提に述べられたもの」であり、これが開示されると、「調査委員会と被聴取者の信頼関係が損なわれ、以後の事情聴取の円滑な実施に支障を生ず

る」と指摘しています。この点は、実務的に非常に重要で、ハラスメント調査の実施者が、秘密を守る旨の約束に違反をしてしまえば、以後、調査の実施者に対する信頼は失われ、調査への協力を得ることは困難となってしまいます。

　この検討からも、ヒアリング記録を関係者に開示することは不適切との結論が導かれます。

2　ハラスメント行為者の反論や弁明のために必要だという要請

　しかし、ハラスメント行為者（とされた者）としては、自分の立場を正当化するための反論や弁明をするにあたり、ヒアリング記録の内容を把握しておきたいものです。例えば、相談者の主張が虚偽であると主張する場合、そのヒアリング記録を詳細に検討して、自己矛盾がある点や、明らかに客観的証拠と矛盾する点等を指摘したいと考えるでしょう。会社のハラスメント調査の結果次第で、懲戒処分や解雇の可能性もありますから、ハラスメント行為者（とされた者）としては、反論を尽くしたいと考えるものです。

　このような要請と、上記1で述べた原則のバランスをどの様にとるかは、個別の事案ごとに検討します。基本的には、相談者の同意を得られる範囲での開示を検討します。全文の開示ではなく、その同意を得られる一部についての開示にとどめるという方法です。また、一言一句を記録している逐語録の開示には抵抗感を持ちやすいため、ヒアリングの内容を陳述書にまとめ、その開示について陳述者の同意を得る方法もあります。

〔大浦綾子〕

第 6 章

事後対応をするときの
落とし穴

【37】　ハラスメント行為者と認定された者に対して、全日在宅勤務を命じることはできる！？

ハラスメント認定後の事後対応として、被害者との接触を避ける策を講じたい。当社は小規模な会社のため配置転換が難しいことから、ハラスメント行為者を出社させず、全日在宅勤務を命じたいが、そのような対応はできるか。

POINT	・ハラスメント被害者と行為者を引き離す策として、行為者を在宅勤務させる措置は被害者の職場環境改善に資する。

誤認例	ハラスメント行為者として、自ら職場に居られない原因を作った以上は、職場環境整備や再発防止のために、全日在宅勤務を命じられることも甘受すべきである。

本当は	従前出勤していた社員を、全日在宅勤務とすることは、業務遂行に支障を伴う場合もある上に、自宅を勤務場所とする在宅勤務については使用者に一方的命令権限がないとする見解もあることに留意をする。別の方法にてハラスメント被害者と行為者を引き離せないかも、検討した方がよい。

解　説

1　ハラスメント被害者と行為者の引き離し

ハラスメント関係指針によれば、会社の事実調査により職場におけるハラスメントが生じた事実が確認できた場合においては、速やかに被害者に対する配慮のための措置を適正に行うことが義務付けられています。

ハラスメント関係指針は、当該措置の一例として「被害者と行為者を引き離すための配置転換」を挙げています。行為者の勤務場所を変更すること（転勤）や、執務する部屋やデスクの場所の変更や、部署を変更することがこれに含まれます。

被害者と行為者の引き離しは、当該被害者の職場環境改善には即効性がある措置であるため、多くのハラスメント事案でこれを検討しますが、業務上の都合から、行為

者の配転に踏み切れない場合が多いのも実情です。小規模な職場であるため、いかに配置を変えても、被害者と行為者が顔を合わせない状況にすることはできなかったり、ハラスメント行為者の職務経験等に照らすと配置変更先が見当たらなかったり、という場合も多いのです。

　そこで、別の引き離し策として検討するのが、どちらかを在宅勤務として、両者が職場で顔を合わせる機会を減らす、というものです。以前は、出社させないという業務命令は、業務を割り当てない自宅待機や、出社時とは異質の業務に従事させることを内容とする場合が多かったです。しかし、コロナ禍で急速に在宅勤務が浸透した職場も多く、最近ではハラスメントの事後対応としても、在宅勤務がより汎用性のある選択肢となってきていると感じます。

2　在宅勤務命令の可否

　会社が、一方的に従業員に、在宅勤務を命じることはできるのでしょうか。

　筆者としては、就業規則上、「会社は業務上の都合により、従業員に、リモート勤務（在宅勤務、サテライト勤務、モバイル勤務）を命ずることがある」という趣旨の条文があれば、命令が濫用にわたらない限り、業務命令として在宅勤務を命じられると考えます。

　しかし、これに対しては、在宅勤務命令は、業務命令ではなく配転命令であり、配転命令の有効性の要件を満たすべきとの見解もあります。さらに、リモート勤務のうち特に在宅勤務については、本来プライベートな場所での執務となるため、従業員の同意を得ずにこれを一方的に強いることはできないとする見解もあります。

　未だ、判例・裁判例が定まっていない論点ですので、在宅勤務命令に謙抑的な見解もあることも念頭に、検討する必要があります。

3　行為者への全日在宅勤務命令についての実務的検討

　筆者の見解としては、ハラスメント行為者に、ハラスメント事案発生後の職場環境整備を目的として、在宅勤務を命ずることは可能であると考えます。

　しかし、出社を一切禁ずるような全日在宅勤務命令をすることについては、大なり小なり、行為者の業務遂行上の支障を伴うことも多いでしょう。さらに、在宅勤務をできる体制が整っていない従業員に対して、急遽、一方的に全日在宅勤務を命ずることは、従業員側の負担が大きいとして、業務命令権の濫用となり、在宅勤務命令が無効となる場合もあるでしょうし、一方的在宅勤務命令に否定的な見解があることにも留意をしておくべきです。

　そこで、まずは、在宅勤務命令によらず、被害者に対する配慮ができないかを検討します。行為者から被害者への謝罪等により関係改善の援助ができるのであれば、両者の引き離しまでは不要と考えられます。また、引き離しが必要としても、ハラスメント関係指針に例示されている配置転換も検討します。

　これらの検討を経て、在宅勤務命令が必要と判断した場合にも、その命令の具体的内容については、行為者側の負担を考慮しましょう。例えば、全日在宅勤務を命ずるのではなく、週の半分以上を在宅勤務とし、行為者の出勤日には被害者は任意に在宅勤務を選んでもかまわないとするか、在宅勤務を命ずるのではなく、サテライトオフィスでの勤務を命ずる等が考えられます。

　また、在宅勤務を命ずる期間が長くなるほど、配転命令に近づく面もあり、業務命令より有効要件がやや厳格となる可能性も考慮しておくべきです。したがって、ハラスメント行為者の在宅勤務は、恒常的な措置とするのではなく、ハラスメント事案発生から職場環境正常化までの過渡期の時限的な措置と考え、並行して、ハラスメント行為者にハラスメント防止研修を受講させる、ハラスメント行為者と被害者の間に第三者が介入するような指揮命令系統に変更する等の措置もあわせて実施し、将来ハラスメント行為者を出社させることも視野に入れて検討することをお勧めします。

〔大浦綾子〕

【38】 ハラスメント行為者がメンタルヘルス不調と診断されたら、調査や事後対応は行えない！？

　ハラスメント事案の調査中から不調を訴えていたハラスメント行為者が、ハラスメント認定された後に、メンタルヘルス不調と診断された。会社としては、事後対応を進めていきたいのだが可能か。

POINT	・会社は、メンタルヘルス不調者に対しては、医師の意見に従って安全配慮義務を履行する必要がある。

誤認例	ハラスメント行為者が、メンタルヘルス不調である以上、調査や事後対応を進めることはできない。

本当は	ハラスメント行為者の体調に関する医師の意見を尊重した上で、しかるべき時期に調査や事後対応を実施することになる。調査完了前であっても、暫定的に、相談者とハラスメント行為者とを引き離す措置を行うこと等は検討すべきである。

解　説

1　ハラスメント行為者（とされた者）のメンタルヘルス不調

　ハラスメント行為者、あるいは、ハラスメント行為者とされた者が、ハラスメント調査の最中あるいは調査後に、メンタルヘルス不調であると申し出る案件も間々あります。

　このような場合に、ハラスメント行為者とされた者に対するヒアリング等の調査を続行できるのか、事後対応として、ハラスメント行為者による謝罪の機会を設けるとか、ハラスメント行為者に配置転換を命ずる、懲戒処分を科すといったことが可能であるのかを検討します。

2　メンタルヘルス不調を訴える従業員への対応の鉄則

　会社は、安全配慮義務の履行として、メンタルヘルス不調であると訴えている従業員

に対しては、医師の診断や意見に従って対応をするべき、ということが鉄則です。これらは、仮に不調を訴えているものが、ハラスメント行為者とされている者や、ハラスメント行為者と認定された者であっても変わりません。

　具体的には、速やかに、診断書に従った措置（休職等）を実施したり、産業医による面談や、カウンセラーによるカウンセリングの機会を付与する等の措置を講ずることが必要です。

　ヒアリングの続行や、事後対応の可否についても、医師の意見を考慮して判断します。

3　調査段階でハラスメント行為者とされた者がメンタルヘルス不調を訴えた場合

　調査段階において、ハラスメント行為者とされた者がメンタルヘルス不調を訴えた場合、どのように対応するべきでしょうか。

　医師に意見を照会し、事情聴取を行うことが可能な体調かを確認します。可能との意見であれば、ヒアリングを実施することができると考えます。実施する際の条件、例えば一回あたりの上限時間等を医師に確認した上で、その範囲内で実施するようにします。

　では、医師からヒアリング不可との意見が出ている場合はどのようにすべきでしょうか。ヒアリングが不可ということであれば、そもそも業務の負荷に耐えられない体調ではないかという疑義も生じますので、その点を医師に確認します。その結果、業務に従事できない体調であるとの診断があれば、休職を命ずることになります。そして、復職後に、ヒアリングを再開します。

　これに対し、医師から、業務に従事することは可能だが、ヒアリングは不可という内容の意見が出された場合はどうすべきでしょうか。ヒアリングを実施することは難しいですが、かといって、調査をしないまま、相談者とハラスメント行為者とされた者が一緒に働くという状況は、相談者に対する安全配慮義務の観点で適切ではありません。暫定的に両者を引き離す措置をする必要があります。また、筆者としては、ヒアリングに応じることも、ハラスメント行為者とされた者の業務の一内容であると考えれば、ヒアリングに応じられない以上は、業務に従事することが可能な体調ではないと解釈した上で、休職を命ずることが可能なケースもあると考えます。

4　事後対応段階

　調査を経て、ハラスメント認定をされたハラスメント行為者が、メンタルヘルス不調を訴えた場合はどうでしょうか。

　この場合も医師の意見を聴取します。その結果、勤務に耐えられない体調であるとされれば、休職を命じます。いったんは、何らの事後対応も取ることができない状態とはなるわけですが、不問に付すわけではありません。体調が改善し、復職が可能となった時点で、事後対応の措置（被害者への謝罪の機会の設定、配置転換、懲戒処分等）を講じることになります。

　では、会社として、ハラスメント行為者を、ハラスメントを理由に解雇すべきと決定した場合にも、当該行為者に休職をさせるべきでしょうか。筆者としては、私傷病休職制度はあくまで療養に専念したのち、復職することを想定している制度であることに鑑みれば、すでに解雇となることが決まっている従業員に対して、休職をさせる必要はなく、直ちに解雇ができるものと考えます。

〔大浦綾子〕

別の視点から　医師の意見〜主治医か産業医か〜

　本設例中にいう「医師」の意見の「医師」は、主治医のことを指しています。しかし、ヒアリング対象者の実際の体調に比して、主治医の意見があまりにも重いと感じる場面もあるかもしれません。

　たとえば、ヒアリング対象者が、何の制約もなく元気に業務を遂行しているのに、ヒアリングを受けたくないがために、診断書を提出してきたのではないかと疑われるケースに遭遇することもあるでしょう。

　そのような診断に疑いを差し挟む余地があるケースでは、産業医面談を受けるように業務命令を出し、産業医の意見も聴取して、手続を進めることも検討しましょう。

〔山浦美紀〕

【39】　事後対応としての研修を実施する場合、研修の対象者はハラスメント行為者のみでよい！？

　当社で起こったハラスメント事案にかかる事後対応として、研修を実施して、再発防止に繋げたいと考えている。その場合、研修の対象者は当該ハラスメント事案の行為者のみでよいか。

POINT　・ハラスメント行為が再発しないようにするためには、ハラスメント防止研修を実施して、改めて周知・啓発することが重要である。

誤認例	全従業員向けのハラスメント防止研修を実施済みであれば、事後対応としての研修の対象者はハラスメント行為者のみでよい。

本当は	当該ハラスメントが、職場全体のコミュニケーション不全に起因している場合や、周囲で見ていた者が当該ハラスメントを抑止できずにエスカレートしてしまったという場合も多いため、ハラスメント行為者に限らず、より広範な従業員を対象に研修を実施することが適切である。

解　説

1　ハラスメント関係指針の内容

　パワハラ指針は、パワハラが生じた事実が確認できた場合には、「行為者に対する措置を適正に行うこと」が必要であると規定しています。その実施例としては、「行為者に対して必要な懲戒その他の措置を講ずること。あわせて、事案の内容や状況に応じ、被害者と行為者の間の関係改善に向けての援助、被害者と行為者を引き離すための配置転換、行為者の謝罪等の措置を講ずること。」が列挙されていますが、筆者は、これ以外に、ハラスメント行為者に対する研修も重要と考えています。ハラスメント行為者は、自らの言動がハラスメントに該当するとの認識がないままに、ハラスメントに及んでいることが多いため、ハラスメントとは何か、ハラスメントに該当しないコミ

ュニケーション手法にはどのようなものがあるかを学ばない以上、再度、ハラスメント言動に及んでしまう危険性が高いためです。よって、ハラスメント行為者に、再教育の機会を与えるために、研修を受講させることは必須と考えます。

　それでは、ハラスメント行為者以外の者に研修は必要でしょうか。この点、パワハラ指針は、パワハラに係る相談の申し出があった場合の適正な対処の1つとして、「改めて職場におけるパワーハラスメントに関する方針を周知・啓発する等の再発防止に向けた措置」を規定しています。

　そして、この措置の具体例として、次の2つが例示されています（下線部は筆者による）。

「（再発防止に向けた措置を講じていると認められる例）

①　職場におけるパワーハラスメントを行ってはならない旨の方針及び職場におけるパワーハラスメントに係る言動を行った者について厳正に対処する旨の方針を、社内報、パンフレット、社内ホームページ等広報又は啓発のための資料等に改めて掲載し、配布等すること。

②　労働者に対して職場におけるパワーハラスメントに関する意識を啓発するための研修、講習等を改めて実施すること。」

　②の下線部の文言によれば、パワハラ指針が再発防止措置として想定しているものは、「行為者」のみに対する研修ではなく、「労働者」全般による研修であることが読み取れます。行為者に対する再教育というよりは、労働者全般への「周知・啓発」を想定していると解釈できるでしょう。

2　ハラスメントの原因分析

　では、なぜハラスメント相談の申し出があった場合の事後対応として、ハラスメント行為者への再教育のみならず、労働者全般への周知・啓発が必要となるのでしょうか。

　この点、筆者は、ハラスメント発生の原因や背景には職場環境や職場風土の問題がある場合も多く、これらの解消に職場全般で取り組まなければ、再発防止を徹底できないためであると考えています。

　そのことは、ハラスメント関係指針にも言及されています。

　例えば、パワハラ指針4（1）は、「職場におけるパワーハラスメントの発生の原因や背景には、労働者同士のコミュニケーションの希薄化などの職場環境の問題もあると考えられる。そのため、これらを幅広く解消していくことが職場におけるパワーハラスメントの防止の効果を高める上で重要であることに留意することが必要である。」と指摘しています（下線部は筆者による）。

　セクハラ指針4（1）は、「職場におけるセクシュアルハラスメントの発生の原因や背景には、性別役割分担意識に基づく言動もあると考えられ、こうした言動をなくしていくことがセクシュアルハラスメントの防止の効果を高める上で重要であることに留意することが必要である。」と指摘しています。

　また、マタハラ指針4（1）は、「職場における妊娠、出産等に関するハラスメントの発生の原因や背景には、（ⅰ）妊娠、出産等に関する否定的な言動（不妊治療に対する否定的な言動を含め、他の女性労働者の妊娠、出産等の否定につながる言動（当該女性労働者に直接行わない言動も含む。）をいい、単なる自らの意思の表明を除く。以下同じ。）が頻繁に行われるなど制度等の利用又は制度等の利用の請求等をしにくい職場風土や、（ⅱ）制度等の利用ができることの職場における周知が不十分であることなどもあると考えられる。そのため、これらを解消していくことが職場における妊娠、出産等に関するハラスメントの防止の効果を高める上で重要であることに留意することが必要である」と指摘しています（下線部は筆者による）。さらに両立指針第二・十四(三)イにも同旨の指摘があります。

3　ハラスメント被害の傍観者の存在

　筆者は、ハラスメントの関係者には、被害者と行為者の他、周囲で言動を見聞きしていたが、ただ傍観していた第三者も含まれると考えます。

　ハラスメント言動を目撃していた第三者が、行為者の言動に介入したり、ハラスメント相談窓口等に通報したりという行動を起こさなかったことも相まって、被害がエスカレートしたというケースも多々あります。

　このような残念な事態の再発を防ぐためには、労働者全般に対し、ハラスメント言動を第三者として目撃した場合の対処法について、研修をすることも重要であると考えます。

　具体的には、現に行われているハラスメント言動に対する介入方法、言動を受けた者の相談に乗る方法、第三者として通報する方法等を研修内容に含めることが考えられます。

〔大浦綾子〕

【40】 社内で発生したハラスメント事案を題材に研修を実施する上で、当事者への配慮は不要！？

　自社でのハラスメント発生後に、再発防止の目的で、当該ハラスメント事案を題材とした研修を全従業員に向けて実施しようと考えている。その場合、当該ハラスメント事案の当事者である行為者及び被害者に対して、どのような配慮が必要か。

POINT	・社内で起こったハラスメント事例を従業員に周知することで、従業員は、ハラスメントが身近な問題であることを実感でき、より主体的にハラスメント防止に取り組む意識を持つようになる。

誤認例	実際に起こったハラスメント事案をそのまま具体的に紹介することで、再発防止の呼びかけをするのがよい。

本当は	実際のハラスメント事案の紹介が、当該事案の関係者らの心理的負担となる場合もあり、また、行為者が当該事案について「大した問題ではない」等の発言をすることが被害者や職場全体に対して悪影響を及ぼすこともあり得ることも考慮した上で、研修の内容や、研修の実施方法（行為者と被害者を同時に受講させるのか等）を検討する必要がある。

解　説

1　再発防止のための研修の内容について

（1）　社内のハラスメント事案を紹介することの狙い

　ハラスメント相談の申し出があった場合の事後対応として、会社には「改めて職場におけるパワーハラスメントに関する方針を周知・啓発する等の再発防止に向けた措置を講ずること」が義務付けられています（ハラスメント関係指針）。この義務を履行するために、会社がハラスメント研修の実施を検討することも多いでしょう。

　その場合の研修の内容について、「今回社内で相談があったハラスメント事案の内容を紹介することでハラスメント行為者の自省を促したい」、「ハラスメント行為者に研修中に発言をさせることで、再発防止を皆の前で約束させたい」といったアイデアが出されることもあります。時には、ハラスメント行為者とされている従業員にはハラスメント相談があった事実を伝えていない段階で、このような研修の実施を検討することもあります。

（2）　被害者への配慮

　しかし、社内のハラスメント事例の周知を従業員全般向けの研修で行うと、被害者への配慮に欠くことにもなりかねません。

　一つ目の弊害として、実際に社内で発生した事案を紹介することで、被害者が特定され、被害者のプライバシーの保護に欠けてしまうことが考えられます。匿名での事案紹介であっても、説明された事案の状況や職場での噂等が相まって、当事者が推測されてしまうことが多くあります。ハラスメント関係指針にて、事後対応においては、「相談者・行為者等のプライバシーを保護するために必要な措置を講ずる」ことが義務付けられていることに留意すべきです。

　二つ目の弊害として、ハラスメント行為者の不適切な発言による二次被害もあり得ます。例えば、研修の場で、ハラスメント行為者が「言われた方に問題があるから、そんな発言が出るのだ」、「これくらいでハラスメントだと騒ぐ社員の方が問題である。」等と公然と発言をすれば、被害者は再度傷つけられることになってしまいます。

（3）　ハラスメント行為者への配慮

　さらに、ハラスメント関係指針は、（2）で引用したとおり、「行為者」のプライバシーの保護のための措置も求めています。プライバシーの保護は、相談者のみならず、相手方としてハラスメント行為を指摘された者、及び、行為者としてハラスメント行為を認定された者にも及びます。

　従業員全般向けのハラスメント研修で、自らの（あるいは、自らが嫌疑をかけれている段階の）ハラスメント行為が周知されることは、プライバシーに関わると感じることですから、留意が必要です。たとえ、匿名での紹介であっても問題となり得ることは、（2）で述べたとおりです。

（4）　社内のハラスメント事案の紹介の方法について

　筆者は、実際に社内で発生した事案を再発防止の啓発に用いたいと考える場合、類似の他社事例、つまり、裁判例を活用しています。

　他社で実際に起こった事例として、公開されている裁判例を紹介し、そこから一般

化できるハラスメント禁止のルールを解説することで、当事者のプライバシーに配慮
しつつも、特定の論点への注意喚起をすることができます。

2　研修の実施方法について

　研修の実施方法についても、ハラスメント行為者と被害者が同席することで、グル
ープディスカッションや、質疑応答がしづらくなることもあります。どちらかの発言
が、相手のプライバシーを害するものだったり、二次被害、新たなトラブルを招くと
いう可能性も否めません。

　筆者は、このような不測の事態を回避するため、できる限り、研修は2回以上に分
けて実施し、被害者と行為者とは別の機会に受講するように配慮をしています。仮に、
2回以上に分けての研修が不可能であるとしても、グループディスカッションで同じ
グループにならないようにする等を検討するべきです。

〔大浦綾子〕

【41】　派遣労働者が関係するハラスメント事案の対応は、派遣会社に任せればよい！？

　当社には派遣労働者もいるが、派遣労働者が被害申告者やハラスメント行為者である場合、派遣先と派遣元（派遣会社）はそれぞれどのように事後対応を実施したらよいか。

POINT	・派遣先、派遣元（派遣会社）ともに、措置義務を負うのが原則である。

誤認例	派遣労働者がかかわるトラブルについては、日ごろから、派遣元（派遣会社）に対応をお願いしているので、まずは、派遣元（派遣会社）に対応を任せればよい。

本当は	派遣元（派遣会社）は雇用する立場で、派遣先は指揮命令をする立場で、それぞれ措置義務を履行するべきである。

解　説

1　法令、指針、通達の内容

　派遣元（派遣会社）は、派遣労働者の雇用主として、各ハラスメントにつき、雇用管理上の措置義務を負います。現場の実務をみていると、派遣労働者がかかわるハラスメント問題については、派遣先が、派遣元（派遣会社）に解決してもらいたいと考え、派遣労働者に対して「まずは、派遣会社の担当者に相談せよ。」「派遣会社の担当者との定例の面談で相談してみたらどうか。」等とアドバイスをしているケースもあります。

　しかし、派遣先の事業主は、自らも措置義務を負うことを、もっと自覚すべきです。すなわち、派遣先の事業主は、労働者派遣法47条の４、47条の２及び47条の３により、同措置義務を負っているのです。「派遣元の事業主においては派遣労働者を雇用し当該労働者を派遣先の事業主に派遣するという立場から、派遣先の事業主においては派遣労働者の指揮命令を行うという立場から、それぞれが派遣労働者について措置義務及び責務を別個に負う」ことになります（「労働者派遣事業の適正な運営の確保及び派遣労働

者の保護等に関する法律第47条の2から第47条の4までの規定の運用について」(平28・8・2雇児発0802第2)。以下、「派遣法47条の2等の運用通達」といいます。)。

　したがって、ハラスメント関係指針による措置義務は、原則として、派遣先にも派遣元(派遣会社)と同様に課されてます。

　ただし、以下の項目については、マタハラ指針及び両立指針により、「派遣労働者にあっては派遣元事業主に限る」とされており、派遣先の措置義務の対象とはならないことが明記されています。

【派遣元事業主に限るとされている項目】
・妊娠、出産等に関するハラスメント、および、育児休業等に関するハラスメントの原因や背景となる要因を解消するため、業務体制の整備など、事業主や妊娠等した労働者その他の労働者の実情に応じ、必要な措置を講じなければならない
・育児休業等に関するハラスメントの原因や背景となる要因を解消するため、労働者の側においても、制度等の利用ができるという知識を持つことや、周囲と円滑なコミュニケーションを図りながら自身の制度の利用状況等に応じて適切に業務を遂行していくという意識を持つこと等を、制度等の利用の対象となる労働者に周知・啓発することが望ましいこと

2　派遣労働者がハラスメント被害申告者である場合の実務上の対応

　派遣労働者からの、ハラスメント被害申告については、措置義務上、派遣先、派遣元(派遣会社)がともに、受け付けて対応する必要があります。では、それぞれの会社は、相談を受け付けた場合、どのように対応するべきでしょうか。

　(1)　派遣元(派遣会社)がすべき対応

　派遣元(派遣会社)が講ずべき措置の一例として派遣法47条の2等の運用通達には以下のものが挙げられています。

「①　派遣労働者から派遣先事業所においてハラスメントを受けた旨の相談又は苦情を受けた場合には、派遣先の事業主等に対して当該事案に関する事実関係の調査や再発防止のための措置等の適正な対処を申し入れる等派遣先事業所における担当部門と連携等をとりつつ円滑な対応を図ること。」

　派遣元(派遣会社)は、ハラスメントの相手方とされた派遣先の従業員とは、何らの契約関係もありませんから、相手方に対して、派遣元(派遣会社)の調査に協力するよう業務命令をすることはできません。また、ハラスメントが認定されたとしても、

派遣元（派遣会社）が相手方に対して懲戒処分をしたり、配転等の処遇変更したり、といったことはできません。これらの業務命令や懲戒処分、配転命令をなし得るのは、派遣先です。したがって、派遣元（派遣会社）の役割は、派遣先に、調査等の事後対応を促すべく、申し入れをすることとなります。

　具体的には、派遣労働者からヒアリングをした段階で、派遣先に対して、調査をするよう申し入れをします。場合によっては、派遣先も、その後の相手方や関係者ヒアリング等に立ち会うといった対応もあり得ます。

（2）　派遣先がすべき対応

　派遣先が相談を受けた場合は、直接雇用の従業員から相談を受けた場合と同様に、事後対応を開始する必要があります。

　また、事後対応にあたり、派遣元（派遣会社）と連携することが必要となることも多いでしょう。例えば、被害申告者のメンタルヘルス不調への相談対応などは、派遣元（派遣会社）で実施することも多いでしょう。そこで、派遣先は、派遣労働者からの相談を受けた時点で、派遣元（派遣会社）にも一報を入れておくとよいでしょう。もっとも、派遣労働者のプライバシー保護の観点からは、派遣元（派遣会社）に連絡を入れることにつき、本人の同意を得ておくべきです。

3　派遣労働者がハラスメント行為者とされている場合の実務上の対応

　派遣先従業員から被害申告がなされ、その相手方が派遣労働者である場合には、それぞれの会社はどのように対応するべきでしょうか。

（1）　派遣元（派遣会社）がすべき対応

　派遣元（派遣会社）が講ずべき措置の一例として派遣法47条の2等の運用通達には以下のものが挙げられています。

「②　派遣労働者が派遣先事業所においてハラスメントを行った場合において、派遣先の事業主等から相談又は苦情を受けた場合には、事案の内容や状況に応じ、他の労働者を派遣する等の雇用管理上の措置や就業規則等に基づく措置を講ずること。」

　派遣労働者に対して懲戒処分や、配転等の処遇変更をなし得るのは派遣元（派遣会社）ですから、指針が一例としてあげるように、措置義務の履行として、派遣労働者を入れ替えるとか、派遣労働者に懲戒処分等をする必要があります。

　そして、このような措置をする前提として、派遣元（派遣会社）としては、派遣労働者に対しては、自らも主体的に関与してヒアリングを実施し、これと派遣先からの調査結果を元に、懲戒処分等の事後対応を判断するべきです。

（2）　派遣先がすべき対応

　派遣先は、ハラスメント被害申告者の雇用主として、措置義務履行の観点から、また安全配慮義務履行の観点からも、ハラスメントの事後対応を実施する必要があります。

　よって、派遣先は主体的にハラスメント調査を行うべきで、派遣労働者に直接ヒアリングをすることもできると考えます。

　その結果に応じ、派遣先が自ら派遣労働者に注意指導や研修を命ずることが考えられます。しかし、派遣先は、派遣労働者に対し、懲戒処分や解雇等はできません。そこで、被害申告者と派遣労働者の引き離しのために必要であれば、派遣元（派遣会社）に派遣労働者の入れ替えを求めることになります。

〔大浦綾子〕

別の視点から　　出向社員への対応は

　人材資源の有効活用のために、派遣以外にも、出向や転籍といった方法がよく使われています。出向は、出向元の会社と雇用関係を維持したまま、子会社や関連会社等の他の会社に異動させて、出向先の会社の指揮命令下で業務をする雇用形態です。

　出向社員に対してハラスメントがなされた場合には、基本的には、出向先企業が対応することになります。しかし、出向社員から出向元にハラスメントの申告があった場合、出向元が放置してよいものではありません。出向元も、出向社員と労働契約がありますので、安全配慮義務や職場環境配慮義務を負う場合があることから、出向社員からヒアリングをし、出向先の了解を得て、出向先での事実調査をしたり、もしくは、出向先に事実調査の要望をすることが考えられます。ハラスメントがあった場合には、出向先に対し、職場環境の改善を求めたり、場合によっては、出向社員の入れ替え等を検討します。

　他方で、出向先において出向社員が出向先従業員にハラスメントをした場合には、出向元は、使用者責任を問われるおそれがあります。出向元に使用者責任が認められるかは、判断がわかれるところですが、出向元としては、ハラスメントが認められた場合には、出向社員に対し、懲戒処分を行ったり、出向を解消したりする必要が出てきます。やはり、出向元としても、出向社員に対し、ヒアリングをしたり、出向先の協力を得て、事実確認をしたりして、事案の解決に努める必要があるといえます。出向先においては、自社の従業員がハラスメント被害に遭っていることから、相談を受け、ヒアリング等の調査を実施します。ハラスメントが認定された場合は、配置転換や出向元との出向の解消を検討します。

〔山浦美紀〕

第 7 章

弁護士へ依頼をするときの
落とし穴

156

【42】　ハラスメント調査を依頼した顧問弁護士に、ハラスメント紛争の代理人を依頼できる！？

　当社の顧問弁護士であるA弁護士にハラスメント調査を依頼し、ヒアリング等にあたってもらった後に、当該ハラスメントについて紛争（労働審判や裁判等）が起こった。A弁護士は、当社の顧問弁護士であり、調査にもあたってもらったことから当該ハラスメント事案に詳しいので、会社の代理人をA弁護士に依頼したいのだが可能か。

POINT	・ハラスメント事案において、どの手続をどの弁護士に依頼するかは、細心の注意を要する。

誤認例	A弁護士は調査を通じて当該ハラスメント事案に精通しているため、当該ハラスメント事案について紛争が起こった場合にも、会社の代理人として依頼するのがよい。

本当は	A弁護士は、ヒアリングに中立の立場で携わっており、その対象者との間に、一定の信頼関係が形成された点を重視し、同一事案の紛争にて会社側代理人となることを控える可能性がある。それは、信義誠実義務違反や名誉と信用を維持する義務違反、また、品位保持義務に違反するおそれがあるためである。

解　説

1　弁護士にハラスメント調査を依頼した場合の弁護士の作業内容

　弁護士にハラスメント調査を依頼した場合、具体的には、①関係者にヒアリングを実施する、②メール、SNS上のやりとり、手紙、録音等の証拠を収集する、③ヒアリングにより得られた供述や収集した証拠を総合的に検討して事実認定を行う、④ハラスメント該当性の判断を行い、⑤調査報告書を作成する、という作業が行われます。

2　弁護士職務基本規程との関係

　弁護士が上述の作業に携わった後に、会社において、ハラスメント被害申告者やハ

ラスメント行為者を相手とする紛争が発生した場合に、会社が当該弁護士に代理人となることを委任できるかが問題となります。具体的には、ハラスメント被害申告者から会社に対し、安全配慮義務違反を理由とした損害賠償請求訴訟が提起されたり、ハラスメント行為を理由として懲戒処分を受けた従業員から懲戒処分の無効を争って労働審判を申し立てられたりした場合に、当該弁護士に会社の代理人を依頼できるかということです。

　ひとたび、ハラスメント調査に携わった場合、その後の紛争の代理人となることは、弁護士職務基本規程に抵触しないかが問題となります。

　弁護士職務基本規程27条では、「相手方の協議を受けた事件で、その協議の程度及び方法が信頼関係に基づくと認められるもの」（同27条2号）については職務を行ってはならないとされています。そして、「協議を受けた」とは、「当該具体的事件の内容について、法律的な解釈や解決を求める相談を受けることを言う。」と解されています（日本弁護士連合会弁護士倫理委員会編著『解説弁護士職務基本規程〔第3版〕』79頁（日本弁護士連合会、2017））。

　他方で、ハラスメント調査は、会社から弁護士に依頼をし、中立の立場で調査に関与するものですから、ヒアリング対象者である被害者や加害者から法律相談を受けるという立場にはありませんので、厳密な意味では、弁護士職務基本規程27条には抵触しないでしょう。

　しかし、ヒアリングを受けた被害者や加害者は、ヒアリングを担当した弁護士が中立の立場であることを前提に、調査に応じ、一定の信頼感をもって、秘密を打ち明けたり、相談に乗ってもらったと感じていることも多いでしょう。

　調査に携わった弁護士が、のちに同一の案件で会社の代理人になることは、弁護士職務基本規程5条の信義誠実義務違反や同6条の名誉と信用を維持する義務違反、また、弁護士法56条の品位保持義務に違反するおそれがあります。

　このように、ヒアリング対象者との間に、中立の立場で調査過程に携わり、一定の信頼関係が形成されたという点を重視するならば、被害者や加害者といったヒアリング対象者を相手方とする事件を依頼しても、調査に携わった当該弁護士が受任を避けることは一般的であると考えられます。

3　弁護士にハラスメント調査を依頼する場合の留意点

　このように、ハラスメント調査を依頼した弁護士には、いざ、紛争が発生したときに紛争対応の代理人として事件を依頼することができなくなるという制約があることを念頭においておきましょう。具体的な対応としては、ハラスメント調査は、顧問弁

護士ではなく、会社とは具体的委任関係にない中立的な立場の弁護士に依頼し、顧問弁護士は、常に会社の代理人として事件依頼できるようにしておくことも検討しましょう。

〔山浦美紀〕

別の視点から　　ハラスメント外部通報窓口の弁護士が調査を担当することの留意点

　会社が、弁護士にハラスメントの事実調査を依頼する場合、同社のハラスメント外部通報窓口担当者として初動の相談を受けた弁護士に依頼することもあります。筆者としては、これが、一律に不適切だと考えるものではありませんが、留意点をあげておきます。

　1点目の留意点は、通報窓口の弁護士が、通報者（ハラスメント被害申告者）から、秘密を託されている場合があるということです。各社の外部通報窓口の制度設計にもよりますが、通報窓口の弁護士が会社に報告する内容は、通報者が会社への開示に同意した限度にとどめる、とされていることがあります。その場合、通報窓口の弁護士は、調査をするにあたっても、当該非開示情報は会社のために利用できないことになりますが、そのような非開示情報の峻別は困難である場合もあります。調査担当弁護士として、情報の取り扱いにおいて困難な立場に立つことになり、また、通報者から秘密保持について疑義が呈される危険もあるでしょう。

　2点目の留意点は、通報窓口の弁護士は、通報者から一定の信頼を寄せられていることです。通報窓口は情報を聴取して、会社に伝えるだけの役割を担うにとどまるとはいえ、ヒアリングをする段階で、通報者の信頼を得るために、傾聴をし、共感を示すこともあります。このような姿勢から、通報者の側が、通報窓口の弁護士に対して、自分を擁護してくれる存在だと感じることもあるでしょう。その弁護士が、調査の場面になって、通報者の言い分の真偽を確かめるような「反対尋問」をすることは、通報者が寄せていた信頼を裏切る出来事ともなりかねません。

　このような事態が、ひいては、外部通報窓口や調査の中立性に対する信頼を失わせる危険性もありますので、これらの留意点を念頭におきつつ、外部通報窓口担当者が調査をも担当することの適否を事案ごとに検討するのがよいでしょう。

〔大浦綾子〕

【43】　コンプライアンス研修の講師を務めた弁護士に、受講者が関係する紛争の代理人を依頼できる！？

コンプライアンス研修の講師に招いたＡ弁護士が、ハラスメントに関する紛争について経験豊富と聞いた。そこで、当該研修の受講者であった当社従業員との間で紛争となった場合、Ａ弁護士に会社の代理人となってもらいたいと考えているが可能か。

POINT	・研修は会社からの依頼により行うものであり、弁護士職務基本規程27条2号の「相手方の協議を受けた」場合に該当しない。研修の機会に顔を合わせていることのみをもって利益相反に該当することはない。

誤認例	利益相反の問題は生じず、会社側から、当該従業員を相手とする事件を依頼することについては問題ない。

本当は	研修の機会に、研修講師を務めた弁護士が、当該従業員から個別具体的な事情について、質問や相談を受けている場合など、事件の代理人を委任できない場合もあり得る。

解　説

1　コンプライアンス研修の受講者との利益相反を検討すべき場合

弁護士が、会社から依頼を受けて、従業員を対象にハラスメント防止等のコンプライアンス研修を実施することもあります。

本設例でとりあげる論点は、研修を実施した後に、その受講者（従業員）と会社との間で法的紛争が発生した場合に、当該弁護士（講師）に、会社の代理人として交渉・訴訟を依頼することができるかという問題です。

従業員と会社との間での法的紛争は種々ありますが、ハラスメント関連の具体例を挙げると、相談者がハラスメント相談後に命じられた配転が無効であると争う場合、会社のハラスメントの事後対応が不十分であるとして安全配慮義務違反を根拠に損害賠償請求をする場合等が考えられます。他方、ハラスメント行為者と認定された者が、

ハラスメント事後対応としての懲戒処分や配転が無効であると争う場合も考えられます。

2　利益相反に当たらないのが原則

　研修講師を担当した後に、当該弁護士が、研修受講者を相手とする交渉・訴訟を担当することは、弁護士職務基本規程27条2号（相手方の協議を受けた事件で、その協議の程度及び方法が信頼関係に基づくと認められるもの）に照らして利益相反に該当しないのでしょうか。

　この点、コンプライアンス研修は会社からの依頼により行うものであり、「相手方の協議を受けた」場合に該当しないですから、その研修の機会に顔を合わせていることのみをもって、利益相反に該当することはないでしょう。

3　弁護士として受任の回避を検討すべき場合

　しかし、筆者としては、研修講師をした弁護士に対し、研修受講者を相手方とする事件の依頼ができない場合もあると考えます。

　例えば、コンプライアンス研修の機会に、講師が受講者（従業員）からの質問に回答することもあります。その際、当該受講者が、社内で体験している個別具体的な事実関係につき、コンプライアンス上問題はないのか、ハラスメントに該当しないのか、どのように対応すべきか等の質問をすることもあります。本来、このような質問に回答することは、会社から依頼された範囲を超えている場合も多いでしょうが、会社の利益に反しない範囲で回答をすることはあります。

　このような回答をした後に、当該従業員から会社に訴訟提起がされた場合に、会社は、研修講師を務めた弁護士に事件の代理人となることを依頼できるのでしょうか。なお、訴訟提起の内容が、研修時に従業員が質問した具体的事実関係に関わるものであるとの前提で検討します。

　このケースでも、弁護士は、あくまで会社からの依頼で研修を実施したにすぎないと考えれば、「相手方の協議を受けた」場合には該当せず、利益相反ではないとの見解もありうるでしょう。

　しかし、筆者は、弁護士として会社からの依頼を受任することに、躊躇を覚えるところです。なぜなら、講師として質問を受けた際には、当該受講者の主張や意見を傾聴する姿勢をとることが多く、それにより、一定の信頼関係ができているとも言えるからです。その後の訴訟にて、会社側代理人の立場で主張をすることが、当該従業員との信頼関係を裏切るものであると捉えられる危険は否めません。

　そのため、このような場面を極力回避するために、会社が実施するハラスメント研修の際には、受講者からの個別具体的な事情に基づく質問は受け付けないということをあらかじめ周知しておくことをお勧めします。仮に、受講者が、研修講師に個別具体的な案件に関する質問をしようとした場合には、ハラスメント相談窓口の利用を勧めるといった対応をするのがよいでしょう。

〔大浦綾子〕

　　■別の視点から■　　ハラスメント研修以外であっても

　ハラスメント研修以外であっても、外部講師として、弁護士を招聘して、社内研修を行うことがあるでしょう。たとえば、「労働時間に関する研修」において、受講者が「私が行っている○○工場での作業服への着替えの時間は労働時間に当たりますか」といった質問をし、講師がその見解を回答するという場面もあるでしょう。このようなケースで、後に、当該受講者から、作業服への着替え時間についての残業代請求が提訴されるということも考えられます。従業員の権利義務関係に直接関わる内容の研修では、具体的な案件に関わる法的な見解を求める質問は受け付けられないことを事前に周知しておくべきであると考えます。

〔山浦美紀〕

第 8 章

その他ハラスメントをめぐる問題へ
対応するときの落とし穴

【44】　ハラスメントの社内研修は、全従業員に共通の内容で行うべき！？

　毎年のように全従業員向けのハラスメントに関する社内研修を行っているが、思うようにハラスメントの案件が減っていない。より効果的な社内研修の方法はないか。

POINT	・会社は、雇用管理上の措置義務の具体化として、ハラスメントの内容及びハラスメントを行ってはならない旨の方針を明確化し、管理監督者を含む労働者に周知・啓発することが求められている。

誤認例	ハラスメントは多義的なので、社内研修は毎年決まった時期にすべてのハラスメントについてまとめて、全従業員一斉に行うべきである。

本当は	ハラスメントとして代表的なパワハラ・セクハラ・マタハラは、それぞれ性質が異なることから、ひとくくりにして研修を行うのではなく、それぞれ機会や対象者を分けることで、じっくりと学び、考えてもらう方法が効果的である。

解　説

1　ハラスメント防止の啓発活動としての研修

　ハラスメントの研修は、ハラスメント関係指針における措置義務の「事業主の方針の明確化及び周知・啓発」の一貫として「ハラスメントの内容及びハラスメントを行ってはならない旨の方針を明確化し、管理監督者を含む労働者に周知・啓発すること」の具体化として、会社がなすべきことがらです。

　実質的にも、ハラスメント防止の啓発活動として、研修を実施することはとても意義のあることです。ハラスメント全般について、定期的に研修を実施している会社も多いものです。

　しかし、ハラスメントは多義的であり、代表的なパワハラ・セクハラ・マタハラもそれぞれ性質も異なりますから、それをひとくくりにして、全従業員一斉に定期的に

ハラスメント研修を実施するよりは、対象者を分けて、機会を別にして実施することが効果的です。以下、3つの代表的なハラスメントについて、効果的な研修方法を紹介します。

2　パワハラ防止研修

パワハラの研修は、セクハラと違って、「上司が部下に指導注意する延長線上で発生する」という点を強調し、「指導注意」と「パワハラ」の分岐点がどこにあるのかを具体的な事例を示しながら、理解してもらうような研修が効果的です。

そして、パワハラの研修は、新入社員から年輩の社員まで全従業員一斉に行うのではなく、役職や経験年数ごとに研修内容を変えるのがよいでしょう。たとえば、管理職に昇格する際に、「指導される側」から「指導する側」への転換期が到来することから、新任管理職研修の一内容として注意指導の留意点を盛り込んだパワハラ研修をするのも効果的です。その際、少人数のゼミ形式で議論しあって、「指導注意」と「パワハラ」の限界事例（遅刻・欠勤が続く部下へ、再三の注意をしたが改善しないため、「このままではやめてもらうしかない」等とかなり強い口調で注意したといった事例）を用いて、ケーススタディをして議論しあうのもよいでしょう。

また、指導方法に問題があるとみられる上司については、アンガーマネージメント研修やコミュニケーションに関する研修なども盛り込んで、適切な指導方法を学んでもらうことも効果的です。

なお、パワハラ指針では、パワハラ6類型の「個の侵害」に該当すると考えられる例として、「労働者の性的指向・性自認や病歴、不妊治療等の機微な個人情報について、当該労働者の了解を得ずに他の労働者に暴露すること」が挙げられています。性的少数者に対するハラスメントや不妊治療といった機微なプライベート情報の取扱上の留意点についても、研修内容に盛り込むべきです。

3　セクハラ防止研修

セクハラの研修は、新入社員から役職者まで、性別を問わず、同じ機会に同じ内容の研修をすることでかまいません。パワハラと違って、業務上の延長線上で発生するものではなく、「性的な冗談やからかい、身体に触れることは、業務上必要のないことである」という点を強調するのがよいでしょう。

また、セクハラの具体例（どういう言動がダメなのか、どういう行動がだめなのか）をセクハラ指針や裁判例を用いて説明するとよいでしょう。とくに、セクハラは、「このくらいの下ネタは許されるだろう」「ちょっと身体に触れるのはコミュニケーショ

ンの一貫だ」と思い込んでいる従業員もいるかもしれませんので、アウトになる行為を具体的に示すことが大事です。そして、セクハラを行えば、厳しいペナルティ（民事責任・刑事責任・懲戒処分）が待っていることも伝えるべきです。

　また、同性同士のセクハラ、性的少数者に対するセクハラ、交際型のセクハラ（【14】参照）など未だ理解が進んでいない類型のセクハラについても、研修内容に盛り込むべきです。

　ハラスメントの研修に共通しますが、ハラスメント相談窓口や調査にあたる従業員に対する研修も大事です。とくにセクハラの相談や調査にあたっては、センシティブな情報に接することになりますので、二次被害を生まないように、初期対応やヒアリング技法をロールプレイングでトレーニングしておくのも効果的です。

4　マタハラ防止研修

　マタハラの研修は、パワハラ・セクハラとは随分と毛色が違います。「マタハラ」が何かを伝えるよりも、まず、会社ごとに、従業員が「妊娠・出産・育児・介護」に直面した際に、どのような会社の制度を使えるのかを知ることが大事です。

　たとえば、「男性は育休がとれるのか」と質問された際、昔の感覚で、「男性が育休とるなんて信じられない、出世に響くからやめなさい」など不用意に言ってしまうとそれはまさにマタハラに該当します。

　育児・介護に関する法律の改正はめまぐるしく、また、会社それぞれによって、法律に上乗せした制度を設けている場合もります。上司が部下から「どういった制度を利用できるのか」と問われても、流ちょうに制度説明をすることは困難ではないかと思います。

　そこで、部下や職場の仲間が、「妊娠・出産・育児・介護」に直面した際に、どんな制度を使えるのか、どういったこと言ってはいけないのか、一緒に学ぶということが効果的な研修になります。

　他方で、制度を利用する側、すなわち、「妊娠・出産・育児・介護」に直面した側が、「制度を利用して当たり前である」「他の従業員に業務のしわ寄せがあっても仕方ない」という態度をあからさまに出してしまうと社内に不和が生じます。制度を利用する側にも、「ありがとう」「よろしく」といった一言を述べたり、情報の共有をするといった姿勢が大事であることを研修内容に添えるのがよいと思われます。マタハラ指針でも、周囲の従業員へのしわ寄せや、周囲が不満を持ちかねない状態を解消するため、概要、以下のような例を挙げて、「妊娠等した労働者の側においても、〔中略〕周囲と円滑なコミュニケーションを図りながら〔中略〕適切に業務を遂行していくという意識を持つこと等を、妊娠等した労働者に周知・啓発することが望ましい」としています。

（妊娠等した労働者への周知・啓発の例の骨子）

①　社内報、パンフレット、社内ホームページ等の広報又は啓発のための資料等による周知・啓発

②　人事部門等からの周知・啓発

〔山浦美紀〕

| 別の視点から | ゼミ形式の研修はより効果的 |

　筆者の経験上、ゼミ形式の研修でケーススタディをすることは、受講者からも、会社からも、好評です。

　受講者アンケートの結果で、特に印象的な内容は、「職場のメンバーと、初めて、職場でのコミュニケーションについて意見交換をすることができてよかった」という類のものです。

　ハラスメント研修の中で、グループディスカッションの機会を設けること自体が、コミュニケーションが希薄になっていた職場に、新たな対話を生み出す機会にもなると実感しています。

〔大浦綾子〕

【45】　ハラスメントの加害者が告訴されても、会社が対応できることはない！？

いわゆる「ハラスメント罪」はないと理解しているが、ハラスメントの被害者が、加害者をハラスメントで告訴すると言っている。雇用主としては、何か対応が必要となるのか。

POINT	・加害者が告訴された場合、会社は刑事手続の当事者ではないものの、警察での事情聴取のために従業員が呼び出されたり、警察から会社の物品や電子データの任意提出を求められたり、強制捜査（捜索・差押）の対象となったり等の様々な影響を受ける立場にある。

誤認例	会社が告訴されるということではないし、告訴した者と、された者のどちらかに肩入れすることもすべきではなく、特に積極的に対応できることはない。

本当は	会社が告訴されるわけではないが、捜査による社内の混乱を避けるためにも、会社として捜査に協力する姿勢をとることが適切であり、証拠隠滅を疑われないように関係する物品やデータ等を保全しておいたり、関係者に必要な説明等をしておくことが望ましい。

解　説

1　告訴とは

（1）　告訴がなされた場合には捜査が開始される

告訴とは、犯罪の被害者が、捜査機関に対し、犯罪事実を申告し、行為者の刑事処罰を求める意思表示です。告訴が受理された場合には、捜査機関は捜査を開始する義務を負います。告訴がなされない場合、たとえば、被害届が出された場合や捜査機関が独自に犯罪を察知した場合にも、捜査が開始される場合がありますが、告訴が受理された場合は、必ず捜査が開始される点が大きな違いです。

（2）　ハラスメントと犯罪

　ハラスメント行為があったとしても、それが必ずしも犯罪行為に該当するとは限りません。また、「ハラスメント罪」という犯罪類型はありません。しかしながら、ハラスメント行為がなされた場合には、以下のような刑法犯に該当するおそれがあり、また、加害者は、被害者から下記のような犯罪名で告訴されるおそれがあります。

①　セクハラの場合

・不同意性交罪（刑177）

・不同意わいせつ罪（刑176）

・名誉毀損罪（刑230）、侮辱罪（刑231）

・公然わいせつ罪（刑174）、わいせつ物陳列罪（刑175）

　令和5年6月16日、参議院本会議で、「強制性交罪」を「不同意性交罪」、「強制わいせつ罪」を「不同意わいせつ罪」に罪名を変更する刑法の改正案が可決されました。構成要件として、「暴行や脅迫」に加えて、以下のようなものが追加されました。この法律は、同年7月13日より施行されています。

---

①　これまでの「暴行や脅迫」

②　「精神的、身体的な障害を生じさせること」

③　「アルコールや薬物を摂取させること」

④　「眠っているなど、意識がはっきりしていない状態であること」

⑤　「拒絶するいとまを与えないこと」

⑥　「恐怖・驚がくさせること」

⑦　「虐待による心理的反応があること」

⑧　「経済的・社会的関係の地位に基づく影響力で受ける不利益を憂慮していること」

　セクハラとの関係でいえば、⑧の「経済的・社会的関係の地位に基づく影響力で受ける不利益を憂慮していること」が構成要件に追加されたことが注目されます。上司部下間のセクハラ事案において、刑事立件される事案が増える可能性があります。

　また、被害にあってからすぐに申し出ることは難しいという性犯罪の特徴から、時効が5年ずつ延長されました。すなわち、「不同意性交罪（旧：強制性交罪）」は、10年から15年に、「不同意わいせつ罪（旧：強制わいせつ罪）」は、7年から12年に延長されました。

　刑法改正により、ハラスメントを契機とした刑事事件対応についても、会社がより注意を払うべき時期に入ったといえます。

② 　パワハラの場合

> ・傷害罪（刑204）
>
> ・名誉毀損罪（刑230）、侮辱罪（刑231）

　上記のうち、「傷害罪」は、上司が部下に対し、暴行をし、打撲や骨折といった怪我をさせた場合に成立します。これは目に見えて明らかです。これに対して、うつ病や適応障害といった目に見えない精神疾患を発症した場合は、どうでしょうか。傷害罪の傷害は、外傷だけを対象とするものではなく、人の生理的機能の障害全般を含みます。したがって、上司が部下に対して、暴言等をし、部下が、うつ病や適応障害といった精神疾患を負った場合にも、「傷害罪」に該当します。

2　雇用主が行うべき準備

　会社が告訴されたわけではないですが、捜査が開始された場合、関係者の事情聴取や証拠の任意提出、会社への強制捜査（捜索・差押）が考えられるので、準備をしておく必要があります。とくに、ハラスメントが行われた場所が会社内である場合や、社内パソコンや携帯電話を使ったハラスメントが行われた場合には、パソコン・携帯電話・データの任意提出を求められたりすることも考えられます。また、会社内の場所で実況見分が行われたりすることもあります。

　また、事案が重大な場合や会社が捜査に協力的ではない場合、会社に対し、ある日突然、強制捜査（捜索・差押）手続が実行されたりすることもありえます。

　会社が、物品の廃棄やデータの消去をするといった証拠隠滅に加担したり、目撃者の口裏合わせをするといったことはもってのほかです。

　会社に捜査機関が来た場合、事情を知らない他の従業員に動揺や衝撃を与えるおそれがあります。従業員に対して、必要な説明をする準備もしておきましょう。

3　会社が加害者に弁護士を紹介することのリスク

　会社に対して、加害者従業員から刑事弁護の弁護士を紹介してほしいと言われることも考えられます。とくに、指導注意の延長線上で発生したパワハラ事案であれば、加害者としては、「なぜ会社のために部下に指導注意をしただけなのに、自分だけが告訴されなければならないのか」という思いを抱いて、会社が自分の味方となってくれ

ると考えている可能性があります。弁護士の費用も会社が負担してくれると思っているかもしれません。

　しかし、ハラスメント行為が認められた場合には、会社は、加害者の雇用主として就業規則に基づき、懲戒処分を行うことになります。また、被害者が会社と加害者に対し、損害賠償請求をした場合には、会社と加害者が責任割合を争うこともあります。その場合、会社と加害者との間の利害が相反することとなります。そのような事態に備えて、会社の顧問弁護士などを加害者に安易に紹介するといったことは控えるようにしましょう。

〔山浦美紀〕

【46】　育児中の従業員の業務を配慮した結果、周辺の従業員間で発生した不満は我慢してもらうしかない！？

　育児中の従業員が、夜間や休日出勤できないことに伴う業務のしわ寄せが、周囲の従業員に来ている。周囲の従業員からは不満の声が寄せられているが、どのように対処したらよいか。

POINT	・妊娠、出産等や、育児休業に関する否定的な言動を引き起こす要因の一つには、周囲の労働者の業務負担が増大することが挙げられる。

誤認例	育児中等には法律上、休業や短時間勤務制度等の利用が認められている以上、これらの制度を利用しない周囲の従業員が制度利用者の労務提供が減る部分を補うしかないので、不満が出ても「困ったときはお互い様」と言い聞かせて、我慢してもらうしかない。

本当は	代替要員の確保や業務分担を見直す等、適切な人員配置を行い、周囲の一部の従業員に夜間・休日出勤が偏らないようにすべきである。

解　説

1　両立支援制度利用者の周囲の従業員の業務負担の増加

　職場において妊娠、出産等を控えた従業員、また、育児、介護中の従業員がいる場合、それに伴う労働能率の低下、休暇や休業、残業免除・短時間勤務といった勤務形態の変更により、当該従業員が担当できる業務量や業務内容も変わってくることになります。勤務時間が減れば業務量は相当減り、早朝夜間や休日勤務のシフトには入れなくなることも多いでしょう。

　仕事と家庭を両立するための支援制度を利用する者（両立支援制度利用者）が、早朝夜間勤務、時間外労働、休日出勤ができなくなった部分を周囲の従業員が一手に担わなければならないこととなれば、その分、周囲の従業員の残業時間が長くなり、早朝夜間や休日勤務も増えることになってしまいます。

　このようなしわ寄せが周囲の従業員に及ぶことについて、周囲の従業員に我慢を強いることは構わないのでしょうか。

2　雇用主側の体制整備

　両立支援制度の利用者の業務量が減ったとしても、その職場に配置されている残る従業員で元の業務を全て賄いなさいという姿勢で雇用主が臨めば、上述のような状況に至ることは不可避です。

　従業員の妊娠、出産、育児や介護による勤務形態の変化は常に起こりうることです。雇用主側は、人を雇う以上、そういった変化に臨機応変に対応できるようにしておかなければなりません。

　人員が減るのであれば、業務の効率化により業務量を減らさなければいけませんし、業務分担も見直す必要があります。

　業務の効率化だけでカバーできないのであれば、配置転換や非正規雇用や派遣を利用して、代替要員を確保し、一部の従業員への偏ったしわ寄せが発生しないようにしましょう。

3　マタハラ指針及び両立指針に見る具体的措置

　マタハラ指針では、周囲の従業員へのしわ寄せや、周囲が不満を持ちかねない状態を解消するため、以下のような例を挙げて、「妊娠等した労働者の側においても、〔中略〕周囲と円滑なコミュニケーションを図りながら〔中略〕適切に業務を遂行していくという意識を持つこと等を、妊娠等した労働者に周知・啓発することが望ましい」としています。

○マタハラ指針における「妊娠等した労働者への周知・啓発の例」

> ①　社内報、パンフレット、社内ホームページ等広報又は啓発のための資料等に、妊娠等した労働者の側においても、制度等の利用ができるという知識を持つことや、周囲と円滑なコミュニケーションを図りながら自身の体調等に応じて適切に業務を遂行していくという意識を持つこと等について記載し、妊娠等した労働者に配布等すること。
> ②　妊娠等した労働者の側においても、制度等の利用ができるという知識を持つことや、周囲と円滑なコミュニケーションを図りながら自身の体調等に応じて適切に業務を遂行していくという意識を持つこと等について、人事部門等から妊娠等した労働者に周知・啓発すること。

　また、両立指針においても、周囲の従業員へのしわ寄せ解消や不満解消のための具体的な措置の内容が示唆されています。

○両立指針における記述内容

ニ　職場における育児休業等に関するハラスメントの原因や背景となる要因を解消するための措置

　　事業主は、職場における育児休業等に関するハラスメントの原因や背景となる要因を解消するため、業務体制の整備など、事業主や制度等の利用を行う労働者その他の労働者の実情に応じ、必要な措置を講じなければならないこと（派遣労働者にあっては、派遣元事業主に限る。）。

　　なお、措置を講ずるに当たっては、

（ⅰ）　職場における育児休業等に関するハラスメントの背景には育児休業等に関する否定的な言動もあるが、当該言動の要因の一つには、労働者が所定労働時間の短縮措置を利用することで短縮分の労務提供ができなくなること等により、周囲の労働者の業務負担が増大することもあることから、周囲の労働者の業務負担等にも配慮すること

（ⅱ）　労働者の側においても、制度等の利用ができるという知識を持つことや周囲と円滑なコミュニケーションを図りながら自身の制度の利用状況等に応じて適切に業務を遂行していくという意識を持つこと

のいずれも重要であることに留意することが必要である（（四）ロにおいて同じ。）。

（業務体制の整備など、必要な措置を講じていると認められる例）

①　制度等の利用を行う労働者の周囲の労働者への業務の偏りを軽減するよう、適切に業務分担の見直しを行うこと。

②　業務の点検を行い、業務の効率化等を行うこと。

　したがって、妊娠等をした従業員の側からも、「ありがとうございます」「すみません」といった声かけをしたり、現在の体調や休暇の取得時期について情報を開示する等、周囲に理解を求め、配慮し、積極的にコミュニケーションをとるといったことを研修などで周知・啓発していくのがよいでしょう。

〔山浦美紀〕

別の視点から　　男性育休推進企業の取組み

　今後、男性育休取得が進めば、育児のための両立支援制度を利用する従業員が増える

ことは間違いありません。その場合の周囲へのしわ寄せに、どのように対応していくのでしょうか。

　男性育休推進企業の取り組み例を二つ紹介します。

　一つ目は、休業に入る前の業務の引継ぎを「計画的に」行うというものです。育休取得の2か月前には、業務引継ぎの計画書を作成し、それをもとに上司と面談し、どの仕事を誰にいつ引き継ぐかということを計画しておく方法です。上司も関与することで一部の従業員に負担が偏ることを避けられますし、前もって計画することで、業務引継ぎはスムーズに進みます。また、このプロセスを通じて、業務の属人化（私がいないとこの業務はできないという状態）が解消し、休業以外の突発的な出来事（看護休暇取得等）にも対応しやすくなります。

　二つ目は、頑張った周囲の従業員を評価できる人事制度にすることです。従業員自身が「自分は制度利用者のサポートのために、このようなことをした」と自己アピールをでき、それが人事評価につながるというものです。

　しわ寄せや不満解消の鍵は、当事者同士に任せるのではなく、経営者や職場のリーダーが介入することです。

〔大浦綾子〕

【47】 物理的に対応が不可能であれば、トランスジェンダーの従業員のために、トイレや更衣室の配慮はしなくてもよい！？

トランスジェンダーの従業員から、トイレや更衣室に関しての配慮を求められた。その要望に応えたいが、当社のオフィスはテナントビルにあり、オーナーの了解なしに自由に改装することはできず、物理的に対応することが不可能である。その場合どうしたらよいのか。

POINT	・国・人事院（経産省職員）事件第一審判決では、トランスジェンダーの男性職員に女性トイレの利用を制限したことにつき、社会的情勢の変化も踏まえて、違法と判断されたが、同控訴審判決では、その点の判断が覆った。さらに、最高裁判決では、同控訴審判決が覆り、トイレの使用の制限が違法と判断された。会社の対応としては、最高裁判決の補足意見が参考となる。

誤認例	トランスジェンダーの従業員からトイレや更衣室の利用に関する配慮を求められても、物理的に対応が不可能であれば、対処することは不可能である。

本当は	トランスジェンダーの従業員からトイレや更衣室の利用に関する配慮を求められた場合は、たとえ物理的に対応が不可能であっても、当該従業員の意見を聴取し、実現可能な対応を模索すべきである。

解　説

1　社内での性的少数者に対する理解と配慮

LGBTは、一般に「性的少数者」を総称する言葉として使用されますが、一口に、LGBTといっても、この分類の中には、性的指向に関する分類と性自認に関する分類が混在しています。いわゆる「恋愛の対象」を指す「性的指向」に関する分類が「LGB」の部分です。「Ｌ」はレズビアン、女性の同性愛を指します。「Ｇ」はゲイ、男性の同性愛を指す言葉です。そして、「Ｂ」はバイセクシャル、両性愛を表しています。

そして、「自らの性別をいかに認識するか」すなわち、「性自認」に関する分類が「Ｔ」の部分です。「Ｔ」は、「トランスジェンダー」すなわち、割り当てられた性別に違和感のある状態を意味します。

本設例の従業員は、いわゆる「Ｔ」＝「トランスジェンダー」の状態にある方となります。

このほか、性的少数者の概念に関する用語として、LGBTQ（「Ｑ」は、性的指向や性自認が定まっていない人を指す）、SOGI（性的指向sexual orientationと性自認gender identity）などという言葉があります。

2　性別変更の段階

「性同一性障害者の性別の取扱いの特例に関する法律」3条1項では、家庭裁判所で「性別の取扱いの変更」の審判を受けるために、次の要件が挙げられています。

ア　18歳以上であること
イ　現に婚姻をしていないこと
ウ　現に未成年の子がいないこと
エ　生殖腺がないこと又は生殖腺の機能を永続的に欠く状態にあること
オ　その身体について他の性別に係る身体の性器に係る部分に近似する外観を備えていること

なお、令和5年10月25日、生殖機能をなくす手術を性別変更の要件とする当該法律の規定が憲法違反であると争われていた案件において、最高裁判所は、当該法律のエの要件について、身体の侵襲を受けない自由の制約として過剰であるとして、憲法13条に違反する旨の決定をしました。今後、当該法律の性別変更の要件については、法改正等がなされることが見込まれます。

3　トイレや更衣室使用に関する対応方法

本設例の従業員が、「性同一性障害」の診断を受けたのみであるのか、「性別適合手術」や、上記の「性別変更手続」がとられたか否かはわかりません。トランスジェンダーの従業員について、そのことも確認せずに、トイレや更衣室の使用といった他の従業員にも影響のあることを会社が先んじて行うのも拙速です。

従業員が「性別適合手術」や「性別変更手続」を、いまだ、とっていない段階であ

れば、その従業員がもともと使用していた以外の性別のトイレや更衣室を使うと、他の従業員の混乱を招くおそれがあります。

　他方で、トランスジェンダーの従業員が、本来の性別（自認性）を対象としていないトイレや更衣室を使い続けなければならない精神的負担も大きいでしょうから、しばらくの間は、それがあれば「多目的トイレ」を活用したり、更衣室については空き部屋やパーテーションのような区切りを利用したりして、なるべく双方への配慮をし、周囲の理解を得ながら、徐々に環境を整えていくのがよいでしょう。

　テナントビルであるため、物理的に対応が不可能な場合には、トランスジェンダーの従業員にその旨説明し、他の従業員の理解も求めつつ、徐々に本来の性別（自認性）用のトイレや更衣室を使えるようにしていくのがよいでしょう。後述の裁判例によると、経産省は、トランスジェンダーの職員の自認性に従ったトイレ使用の要望に対し、他の職員に対する説明会を実施した上で、執務場所から2階以上離れたフロアーのトイレについて自認性に従った使用を認めていました。このような段階的な対応をしていくことは、一つの参考となるでしょう。なお、他の職員に対して、トランスジェンダーであることを説明することを強いることは、別途ハラスメントに該当しますので避けるべきです。

4　裁判例では

　前述の裁判例として、国・人事院（経産省職員）事件（東京地判令元・12・12労経速2410・3）があります。

　戸籍上の男性の原告が女性トイレを使用するためには性同一性障害者である旨を女性社員に告知して理解を求める必要があるとの経済産業省当局による条件を撤廃し、原告に職場の女性トイレを自由に使用させることとの要求を認めないとした部分を取り消すとともに、慰謝料120万円を認めました。

　しかしながら、控訴審（東京高判令3・5・27労判1254・5）では、経済産業省当局が、自認する性別に係るトイレの自由使用を認めず、その処遇を継続することは違法なものとはいえないが、「なかなか手術を受けないんだったら、もう男に戻ってはどうか」という発言については違法性が認められるとして慰謝料10万円を認めました。

　そして、最高裁判決（最判令5・7・11裁時1819・1）では、トイレの使用制限にかかる部分について、控訴審判決が取り消されました。上記の原告が女性トイレを使用することについて、トラブルが生ずることは想定し難く、特段の配慮をすべき他の職員の存在が確認されていなかったということが理由の一つとされています。

　この最高裁判決の補足意見ですが、会社の今後の対応において、参考になるべき判

示があります。すなわち、「職場の組織、規模、施設の構造その他職場を取りまく環境、職種、関係する職員の人数や人間関係、当該トランスジェンダーの職場での執務状況など事情は様々であり、一律の解決策になじむものではない」「現時点では、トランスジェンダー本人の要望・意向と他の職員の意見・反応の双方をよく聴取した上で、職場の環境維持、安全管理の観点等から最適な解決策を探っていくという以外にない」という部分です。一律の対応ではなく、事案に応じた解決策が必要ということがわかります。

5　トランスジェンダーの従業員への対応

　トイレや更衣室の使用以外にも、制服をどうするか、社内研修の宿泊先の部屋割りをどうするかといった点も、会社が具体的に直面する問題として挙げられます。

　トランスジェンダーの従業員への対応は、一過性のものでも、趣味の問題でも、性癖でもありません。本人の意思で変えられるものではないという認識がまず必要です。そして、機械的硬直的な対応をするのではなく、個別具体的事案に応じて、臨機応変な対応が求められます。

〔山浦美紀〕

【48】　ハラスメント関連法上の措置義務を履行していたら、会社は民事責任を負わない！？

　当社で発生したハラスメント事案について、ハラスメント被害申告に基づき、事後対応を完了した。また、当社ではかねてから措置義務の履行の一環としてハラスメント研修を実施し、相談窓口も設けていた。これらを履行したことを立証できれば、会社がハラスメントについて民事責任を負うことはないということでよいか。

POINT	・ハラスメント事案発生時は、被害者から会社に対する民事責任追及に備え、ハラスメント関連法上の雇用管理上の措置義務を履行しておくことが重要である。

誤認例	会社が、ハラスメント関連法上の措置義務を履行していれば、民事上の違法行為もなく、会社がハラスメントについて民事責任を負うことはない。

本当は	ハラスメント関連法上の措置義務を履行していても、別途、会社が、ハラスメントの被害者に対し、会社の雇用する従業員のハラスメント行為につき、債務不履行責任・使用者責任等の法的責任を負うことはある。

解　説

1　措置義務の履行と民事責任

　会社は、ハラスメント関連法及び関係するハラスメント関係指針に基づく雇用管理上の措置義務を負い、これに違反した場合には、厚生労働大臣による助言、勧告、企業名の公表といったペナルティがあります（労働施策推進33、雇均29・30、育児介護56・56の2）。したがって、会社は、ハラスメント事案発生時は、ハラスメント関係指針に従い、事案に係る事実関係の迅速かつ正確な確認と、適正な対処をすべきであり、これらを実行することにより、措置義務違反の責任を免れることになります。

　また、措置義務の履行により、ハラスメントの被害者の職場環境が安全なものとなり、勤続できることになれば、被害者が企業に民事責任を追及する事態は避けることができますから、民事責任追及に備えるという意味でも、措置義務の履行は、有益な取組みと言えます。

　もっとも、措置義務は、あくまで、会社が負う公法上の義務であり、これを履行したことにより、民事上の責任を全て免れるわけではありません。

　以下では、ハラスメントと会社の民事責任について、詳細に検討します。

2　ハラスメントと会社の民事責任

　ハラスメントが発生した場合の会社の民事責任としては、使用者責任と、職場環境配慮義務違反の不法行為責任、同じく職場環境配慮義務違反の債務不履行責任という3つの構成があります。後二者の内容は共通していますので、以下、①使用者責任と②職場環境配慮義務違反に分けて、措置義務を履行していた場合と法的責任の帰趨について説明します。

3　①使用者責任

　従業員のハラスメントが「事業の執行について」なされた場合には、免責事由に該当しない限り、会社は不法行為責任を負います（民715①）。

（1）　「事業の執行について」

　判例上、ハラスメントのような事実的不法行為の場合にも、従業員の加害行為が外形上職務の範囲内にあり、従業員の職務との関連性がある場合には、「事業の執行について」の要件を満たすとされています。

　横浜セクシュアル・ハラスメント（建設会社）事件（東京高判平9・11・20判時1673・89）は、「行為が行われた場所及び時間、上司としての地位の利用の有無」等を考慮要素とした上で、事務所内で営業所長により部下である女性従業員に対し、勤務時間中に行われ、又は開始された行為につき、「事業の執行について」の要件を満たすとしています。このように、会社の勤務時間中の勤務場所におけるハラスメントに関しては、使用者責任が認められるケースが多いと思われます。

　勤務時間外・勤務場所以外の行為についても、使用者責任が認められることがあります。例えば、懇親会等飲食の場での上司の言動に関して、飲食が行われた日、時間帯、会合の趣旨、目的、参加者の構成等を考慮した上で、使用者責任が認められている事案があります。

　大阪セクハラ（S運送会社）事件（大阪地判平10・12・21判時1687・104）、では、上司の

部下である女性従業員に対する性的嫌がらせ行為が不法行為に該当すると判断されました が、この行為が事業の執行につきなされたものとして、会社も当該上司と連帯して損害賠償責任を負うこととなりました。上司が企画した飲み会が終わった後の二次会の席で仕事の話に絡ませながら性的嫌がらせが繰り返された事案でした。

　東京セクハラ（Ｔ菓子店）事件（東京高判平20・9・10判時2023・27）では、男性である店長が、その部下の女性従業員に、仕事中ないしその延長線上における慰労会ないし懇親会で行った性的言動につき、不法行為責任が認められた事案であり、事情の執行について行われたものとして、店長の雇用主である法人にも使用者責任が認められました。会社は、一部の出来事が就業時間終了後のことで、店長の立場で主催した行事でないこと等を理由として、民法715条の責任を争いました。しかし、その行事は、クリスマスの繁忙期を終え新年に全員が揃った日に店舗の従業員全員が参加したものであること、飲食費の支払については割り勘ではなく、店長等が負担したものであること、当日の飲食は、店舗の営業に関連して店長が慰労と懇親のために出席し、2次会終了までの飲食については店長が主導していたと認めるのが相当であると判断され、使用者責任が認められました。

（2）　免責事由

　使用者は、被用者の選任及びその事業の監督について相当の注意をしたときは、使用者責任を負わない（民715①ただし書）とされています。しかしながら、裁判例上、この免責は容易に認められていません。

　東京セクシュアルハラスメント事件（東京地判平16・5・14判タ1185・225）では、会社が、「●●基本行動宣言」、「●●・コンプライアンス・マニュアル」や社内報を作成し、その中でセクハラ禁止を記載し、全従業員に配布し、会社の労働組合が開催したセクハラ防止セミナーに各部門長、支店長を出席させるなど、セクハラ防止の方針の周知に努め、被害者からセクハラ行為の申告を受けると、即日、加害者との職場を分離したという措置が取られました。

　しかし、会社は、被害者が退職したあとで、被害が申し立てられてから半年以上経過してようやく懲戒委員会を開いて加害者の処分について審議を始めたことや、加害者の選任及び監督について相当な注意をしても被害が発生することが避けられなかったという事実を認めるに足りる証拠もないことから、会社の免責を認めませんでした。

4　②職場環境配慮義務違反（不法行為責任・債務不履行責任）

（1）　職場環境配慮義務違反の事案

　使用者責任とは別途に、企業が、従業員に対する労働契約に基づく付随義務として

の職場環境配慮義務（労働契約法5条の安全配慮義務の一種）に違反したとして、直接の不法行為（民709）ないし債務不履行責任を負うことがあります。

　会社の不法行為責任が認められた例としては、女子トイレの掃除用具置場に男性従業員が潜んでいた事案である仙台セクハラ（自動車販売会社）事件（仙台地判平13・3・26判タ1118・143）があります。当該事案において、裁判所は、会社の義務違反について、具体的に踏み込んだ判示をしています。すなわち、「事業主は、雇用契約上、従業員に対し、労務の提供に関して良好な職場環境の維持確保に配慮すべき義務を負い、職場においてセクシャルハラスメントなど従業員の職場環境を侵害する事件が発生した場合、誠実かつ適切な事後措置をとり、その事案にかかる事実関係を迅速かつ正確に調査すること及び事案に誠実かつ適正に対処する義務を負っているというべきである。本件侵入事件は、事件当日に原告がのぞき見目的で潜んでいたAを発見したもので、のぞき見されたわけではないから直接的なセクシャルハラスメントの被害が顕在化した事案とまではいえないとしても、原告がのぞき見目的で潜んでいたAを発見しなければ、その後原告をはじめとする女子従業員のプライバシーが侵害されることになったばかりでなく、同人が過去に同種の行為を反復継続していた可能性もあったのであるから、職場環境を侵害する事案として、被告には誠実かつ適正に対処する義務があったというべきである。」と判示しています。

　会社の債務不履行責任が認められた例としては、三重セクシュアル・ハラスメント（厚生農協連合会）事件（津地判平9・11・5判時1648・125）があります。この事案では、会社が加害者のひわいな言動を把握していたにもかかわらず、注意をせず、被害者から加害者と深夜勤務をしたくないと聞いていたにもかかわらず何ら対策を講じず、その後のさらなる加害行為を招いたというものです。

（2）　措置義務との関係

　職場環境配慮義務の具体的内容は、ハラスメント関連法上の措置義務の内容と重なる部分も多いといえるでしょう。しかし、不法行為や債務不履行の成否においては、個別具体的事案に即して、措置を講ずる前提としての予見可能性や、措置を講ずることで結果回避可能性があったのかが検討されます。ハラスメントの予防や事後対応において、措置義務違反の点があれば、ただちに不法行為や債務不履行が成立するというものではありません。

　逆に、措置義務の内容を履行していたとしても、予見可能性や結果回避可能性の検討において、個別具体的な事案において職場環境配慮義務違反があれば、民事責任は認められます。

5　使用者責任や債務不履行責任の要件事実の検討が必要

本設例のような事案で、会社の民事責任の存否を見極めるためには、使用者責任の要件事実・抗弁事実や、債務不履行責任の要件事実の検討が必要です。

典型的には、会社は、使用者責任の免責事由が認められうるか、及び、企業にとって、具体的事案において予見可能性や結果回避可能性があったかが論点となります。

これらを、法律の専門家も入れて検討した上で、被害者からの民事責任追及に対して、示談をするのか、裁判を辞さない姿勢をとるのかを決定すべきです。

措置義務を履行しているから民事責任は負わない、という安易な考えをとるべきではありません。

〔山浦美紀〕

索　引

事　項　索　引

AI音声読み上げ特典について

　本書の内容をAI音声でお聴きいただけます。

　下記アドレス又はQRコードから弊社WEBサイトにアクセスいただき、下記パスワードを入力のうえご利用ください。

アドレス：https://www.sn-hoki.co.jp/aiaudio_5100309/
パスワード：harassment5100309

・内容は初版発行時のものです。
・再生画面下部のメニューバー右側の「」マークをクリックすると、設例ごとのチャプター再生が可能です。
・本特典は、予告なく変更・終了することがあります。

実務家・企業担当者が陥りやすい
ハラスメント対応の落とし穴

令和5年12月22日　初版発行

共　著　山　浦　美　紀
　　　　大　浦　綾　子
発行者　新日本法規出版株式会社
代表者　星　　謙一郎

発 行 所　新 日 本 法 規 出 版 株 式 会 社

本　　　社
総 轄 本 部　(460-8455)　名古屋市中区栄 1 － 23 － 20

東 京 本 社　(162-8407)　東京都新宿区市谷砂土原町2－6

支社·営業所　札幌・仙台・関東・東京・名古屋・大阪・高松
　　　　　　広島・福岡

ホームページ　https://www.sn-hoki.co.jp/

【お問い合わせ窓口】
新日本法規出版コンタクトセンター
　📞 0120-089-339（通話料無料）
　●受付時間／ 9：00〜16：30（土日・祝日を除く）